# CULTURA MASÓNICA

Revista temática de francmasonería

*CULTURA MASÓNICA* es una revista trimestral de carácter temático en formato libro. En cada número se aborda en profundidad un aspecto de la masonería de la mano de auténticos especialistas en la materia. Su rigurosidad a lo largo de años de trabajo metódico y puntual la han convertido en una de las mejores publicaciones de masonería del mundo.

*CULTURA MASÓNICA*
Revista temática de masonería

N.º 59 | Octubre 2024

Al servicio de la
FRANCMASONERÍA UNIVERSAL

© Editorial MASONICA®
www.masonica.es

ENTREACACIAS, S.L.
[Sociedad editora]
  c/Covadonga, 8
  33002 Oviedo-Asturias (España)

        info@masonica.es
        pedidos@masonica.es
        admin@masonica.es
        redes@masonica.es

ISSN: 2171-1968
ISBN (edición impresa): 978-84-19985-91-0
ISBN (edición digital): 978-84-19985-92-7
Depósito Legal: AS 00238-2021

Impreso por Podiprint
Impreso en España

DIRECTOR
David Suárez Dorta

EDITOR
Ignacio Méndez-Trelles Díaz

DISEÑO EDITORIAL
Oliver Méndez-Trelles Pattist

REDES/COMUNICACIÓN
Marta Tejedor

ENSAYISTAS
Alfonso Marcuello
Antonio de Diego González
David Suárez Dorta
Francisco Estupiñán Bethencourt
Gaston Clerc
Javier Otaola
Josep-Lluís Domènech Gómez
Josué Bonnín de Góngora
Juan Almirall Arnal
Luis Antonio Muñoz
Luis Plà
Patricia Planas Rufino

SUMARIO
Año XVI / N.º 59 / OCTUBRE 2024

# EL PRIMER PASO EN MASONERÍA

El primer paso en masonería es el de Aprendiz, y como todo primer paso, representa el apoyo de lo que posteriormente se desarrollará en esta fraternidad.

Mas, como en otros casos, las singularidades que rodean a este escalafón varían de un rito a otro. Así, las herramientas, proyectos, objetivos, formación... sufren diferentes matizaciones según la tradición masónica en la que posemos nuestra mirada.

Como hemos visto en otras ocasiones, tales diferencias no muestran sino la riqueza depositada en el seno de esta Orden desde el principio. Aunque, por otro lado, muchos no conocen sino lo que es habitual en sus talleres, por lo que es importante entender el amplio horizonte del Aprendiz.

Hay que aclarar que el presente trabajo no está dedicado a la iniciación, pues ya destinamos dos números en concreto a dicho particular (38 y 39). Con lo que este sería una continuación de esos volúmenes.

Además, podrán ver que hemos dedicado varias revistas a elementos aledaños y cercanos a este grado, para con ello poder profundizar más en lo que representa.

De tal modo, con este texto cerramos los números dedicados a los tres grados simbólicos, los cuales comenzamos con el de Maestro (43), pasando luego al de Compañero (51). Aunque esto no será motivo para que en futuros trabajos no se vuelvan a tocar elementos relacionados, pues siendo la base de la masonería, y teniendo tanta riqueza litúrgica y simbólica, no es de extrañar que más cosas salgan a la luz.

En estos números va implícita la idea de que los masones tengan unos textos de referencia a los que poder acudir para atesorar un apoyo teórico que facilite el trabajo en dichos grados. Teniendo en cuenta que este está dedicado al primero, tal idea se encuentra todavía más justificada, pues, como indicamos, es el cimiento en que se apoya todo el edificio masónico.

Terminemos citando aquella frase, atribuida al filósofo oriental Lao Tse, de que «un viaje de mil leguas comienza con un solo paso». Con lo que desde *Cultura Masónica* esperamos contribuir a que este primer paso se pueda dar de la mejor forma para los lectores de lengua castellana. ♠

DAVID SUÁREZ DORTA

Francisco Estupiñán Bethencourt (Las Palmas de Gran Canaria, 1961) es periodista, escritor y poeta. Está doctorado en Ciencias de la Información y licenciado en Filología Hispánica. Colaborador de diversas publicaciones culturales, su primera incursión editorial fue la obra de no ficción *La isla redimida* (Cabildo de Fuerteventura, 2005). Con su primera novela, *El corsario de Lanzarote* (CajaCanarias, 2012), obtuvo el prestigioso Premio Benito Pérez Armas 2011. En 2015, MAR Editor publicó su segunda novela, de título *Negro Juan*. Su tercera novela, *El águila de San Juan*, publicada bajo el sello de Aguere-Idea en 2019, es su última incursión en la narrativa hasta el momento. Su primer poemario editado, *La casa de piedra,* es de inminente aparición. También ha realizado diversos trabajos de investigación, entre ellos *La escritura entre líneas* (Servicio de Publicaciones de la Universidad de La Laguna).

# UN HOMBRE QUE QUIERE SER

*Francisco Estupiñán Bethencourt*

El Aprendiz Masón es un hombre que quiere Ser, un hombre que se ha autoafirmado en su voluntad: la voluntad de querer Ser, propósito que se transforma en energía aplicada, en Mazo y Cincel, en el esfuerzo de desbastar la Piedra Bruta para llegar a ser parte de un sentido que se adquiere en el silencio, sentido que es el tronar sordo de los golpes con que cincelamos nuestro interior, esa alma o espíritu que el pensamiento nos confirma como Verdad Sublime y, por eso, Verdad Mistérica, cuya esencia no es un medio sino un fin en sí mismo.

Y, ahora *iniciado*, realiza ese tallado aún impreciso formando parte de un Templo en el que cada Hermano, según su grado y condición, va depositando su Ser como modesta piedra en unos muros que se alzan hacia el Todo, que albergan también una cosmología que alcanza la Totalidad: de Oriente a Occidente y de Cénit a Nadir. Una cosmología que es siempre una *columna* que sustenta una cosmovisión, un comprender la existencia, que terminará, deberá terminar para el Aprendiz, en una moral que es revelada por la Escuadra y el Compás, por el propio Signo del grado. Una moral que emparenta con el *imperativo categórico* kantiano: obra sólo según aquella máxima por la que puedas querer que al mismo tiempo se convierta en ley universal.

Heredamos de la Ilustración de la que procedemos una moral del *hombre para el hombre*, una ética *ciudadana* con la que proceder en el Mundo Profano, que impele, por la transformación de la energía empleada en nuestro cincelado interior, a la filantropía en su sentido lato: amor hacia la humanidad. Y eso nos compromete con ella en nuestra convivencia con todos los Otros, masones o profanos. Estamos abocados a darnos al *hombre*, pues la humanidad es la convivencia de las individualidades y de la pluralidad. Lo *moral* no es fruto de la fuerza coercitiva de los dioses, porque, como bien señalara Hume, la convierte en un propósito egoísta para una *salvación ganada*. Es, todo lo contrario, un deber de los hombres con ellos mismos y su intransferible dignidad. Por eso, el Aprendiz debe eludir la política y la religión con sus Hermanos en beneficio de la fraternidad y comprometerse a no perturbar la paz social, a favorecer la *convivencia* en el mundo profano.

Llegados a este punto es donde surge la asociación de la masonería con una *escuela de ciudadanía* que proyecta a sus miembros hacia la sociedad como *factores* en pro de la fraternidad universal, mensajeros de la prudencia sobre la que se afirma la Justicia, pues el hombre justo –rememorando a Platón– es feliz y, en consecuencia, también es *pleno,* vive en la verdad, la bondad y la belleza y es, por lo tanto, *virtuoso.*

Pero, ¿qué debemos entender por virtud? No otra cosa que la disposición habitual para hacer el bien, una conducta que tiene su primer efecto en cada uno de nosotros al dotar de dignidad nuestras propias vidas. Es por esto que se suele decir que la práctica de la virtud empieza por uno mismo. Pero no acaba ahí, sino que debe trascender hacia los demás por nuestro comportamiento moralmente positivo tanto para los individuos (compasión, ternura, amor) como para la sociedad (justicia). Esta división se corresponde a los conceptos que define David Hume, en *Investigación sobre los principios de la moral*, como virtudes naturales y virtudes artificiales, cuyo antagonista sería el vicio.

Las virtudes naturales nacen de la convivencia más primigenia a través de la lealtad a la familia (en realidad, no otra cosa que egoísmo genético) y la ayuda mutua dentro del grupo que comparte los mismos intereses. La empatía hace que esa solidaridad grupal empiece a establecer la distinción entre el placer y el dolor, entre lo bello y lo feo, entre el bien y el mal. Y este primitivo compromiso social alcanza su cénit con la compasión, que no es otra cosa que la comprensión del dolor ajeno, el amor al prójimo doliente.

De este sentimiento deviene la práctica de la misericordia, definida como la inclinación a sentir compasión por los demás y ofrecerles ayuda, a amar al prójimo como a uno mismo, según el axioma cristiano, uno de los substratos de nuestra civilización, que queda ejemplarmente mostrada en la parábola evangélica del buen samaritano. Es esta consideración la que dota de importancia capital al ejercicio de la beneficencia por parte de la masonería. Y la comunión en la práctica de la virtud es una actividad que nos permite traspasar la línea de nuestra propia finitud en forma de recompensa presente, de Vida Buena aristotélica.

En cuanto a las mencionadas virtudes artificiales, Platón, representante de otro de los substratos de nuestra civilización, estableció, en *La República*, las cuatro virtudes cardinales que debe practicar el ciudadano, la persona que vive en sociedad. Son éstas, sin duda, intemporales, no tienen caducidad, son un anuncio de que es posible la sempiternidad para el conjunto de la humanidad al menos. Procede enumerarlas:

- La prudencia, como ejercicio de la razón.
- La fortaleza, como convicción firme del espíritu.
- La templanza, medio por el cual la razón anula el impulso de los deseos.
- La justicia, que es la resultante de la suma de las anteriormente mencionadas.

Podemos colegir de todo lo expuesto que la práctica de la virtud nace de un compromiso voluntario que, desde luego, no alcanza a todos. La práctica de las virtudes naturales, cifradas en la compasión, en la empatía con el dolor del prójimo, es una vía de crecimiento espiritual que nos pone en contacto con el Macrocosmos y potencia nuestra comunicación con lo Trascendente.

Por su parte, la práctica de las virtudes cardinales platónicas contribuye a la convivencia armónica de la sociedad y, nuevamente, al equilibrio entre el micro y el macrocosmos, según las tradiciones más ancestrales de la cultura humana.

Es esta senda del inicial *aprendizaje iniciático* la que puede llevarnos a una *plenitud existencial* siempre inalcanzable, con la contingencia siempre imponiendo sus límites. Es un trabajo que entraña más *maduración* que *conocimientos* para el Aprendiz, es *poner en sazón* al Espíritu que a los hombres nos ha sido dado con el propósito de realizar el resto del recorrido iniciático en busca de una *Palabra Perdida*, cuyo mismo legendario extravío le otorga existencia, que es la clave de bóveda para completar la Obra primigenia, constante y también postrera de la humanidad: conocer el *Todo*. Porque nuestra especie otea lo *mistérico* desde que tiene conciencia, desde que cada hombre sabe de sí mismo y, desde entonces, quiere alcanzar lo sagrado, espera sus manifestaciones, ritualiza su búsqueda.

En este primer tramo del recorrido masónico el Aprendiz es *conducido* por el Segundo Vigilante en Logia, por lo que éste asume una responsabilidad ingente y ajena a todo dogmatismo: la de guiar a su pupilo hacia su espíritu y su propia subjetividad más con preguntas que con respuesta, o, mejor, con respuestas que formulen nuevas preguntas, que vuelvan al Aprendiz hacia su interior, que lo ayuden a buscar en su Espíritu, lo más preciado de cada uno. Siempre sobre la simbología que es propia del grado, cuyos valores polisémicos, que traspasan su estricta denotación, infinitamente interpretables, se transforman en *valor* de naturaleza inmaterial, en el centro inconmensurable de lo sagrado.

Y lo sacro se revela en el ritual del grado, en la construcción de un espacio de comunión trascendente que aspira a encontrarse con el Ser en su Verdad Última, la que nos ofrece un *sentido* que pone en armonía con el Universo al Aprendiz, que lo dirige hacia lo sublime e inefable, que lo sumerge en aquello que no se puede *decir*, que sólo se puede *vivir* y que nos apresta a la Virtud, una de las herramientas que nos ofrece el Logos para elevarnos sobre nuestra historicidad, para Ser en plenitud.

Interiorizado todo ello, el *aumento de salario* nos dará esa etimológica sal que permitirá continuar con la *sazón masónica* del Iniciado durante el viaje que el Compañero emprende por el espacio y el tiempo sagrados con nuevas herramientas simbólicas. El final de su recorrido debe significar que ha alcanzado al *superhombre* nietzscheano: una persona con un estado de madurez espiritual y moral superior. Eso le otorga la maestría. Un duro trabajo que sólo puede ser personal. ⚒

Licenciado en Derecho en 1977, Javier Otaola es Letrado del Gobierno de la Comunidad Autónoma Vasca desde 1982. Promotor y animador del Foro Club de los Iguales, Amigo de Número de la Real Sociedad Bascongada de Amigos del País, socio de la Asociación de Escritores de Euskadi y de otras asociaciones culturales, mediadoras, y filantrópicas. Iniciado en masonería en 1979, ha sido Gran Maestro de la Gran Logia Simbólica Española (GOEU) (1997-2000) y Presidente de la internacional masónica CLIPSAS (1997-1999). Javier Otaola es autor de múltiples ensayos masónicos como *Fragmentos de un discurso masónico*, *En el umbral de la logia*, *La masonería en persona(s)*, junto a Valentín Díaz, *La logia y la ley del deseo*, *Masonería y Hermenéutica. Un mundo problemático*, junto a Andrés Ortiz-Osés, *Una mirada a la logia*, junto al fotógrafo chileno Sebastián Utreras. Y de otros ensayos como *Laicidad, una estrategia para la libertad*, *Ciudadanía e identidad*, *Testutxoak*, *Cristianismo sin embargo*. También ha escrito varias novelas: *Brocheta de Carne*, *As de Espadas* y *El síndrome de Nietzsche*. Otaola es colaborador habitual de *Claves de Razón Práctica*, *El Correo*, *El País*, *Euskal Irratia Telebista* y de otros medios.

# APRENDER A SER, SER APRENDIZ

*Javier Otaola*

«¿Habéis sabido meditar y manejar vuestra vida?
Habéis realizado la más importante tarea de todas».
MICHEL DE MONTAIGNE

## 1. ¿Cuál es la tarea del Aprendiz?

«Du bist die Aufgabe» (Tú eres la tarea), escribió Franz Kafka en sus diarios de Zürau, circa 17 de noviembre de 1917, en Bohemia occidental, donde enfermó de tuberculosis y estuvo viviendo con su hermana favorita Ottla Kafka (casada David) unos cuantos meses. Su amigo Max Brod publicaría esos textos con el título de *Reflexiones sobre el pecado, la esperanza, el sufrimiento y el verdadero camino*, en 1931.

«Tú eres la tarea» podría ser, a mi juicio, el mejor resumen programático de lo que podemos llamar la iniciación masónica, que se despliega a través de los tres ritos de paso correspondientes al Aprendizaje, al Compañerismo y a la Maestría.

La tarea a la que todos somos invitados en Logia, varón o mujer, joven o viejo, ilustre o anónimo empieza en el Aprendizaje con una experiencia de extrañamiento del «uno» convencional en el que la inercia de «lo que se hace», «lo que se lleva»..., la Matrix de la sociedad en que vivimos nos ha enfundado. Ese extrañarse implica una reflexión sobre los elementos simbólicos que constituyen el Mundo y nos ponen a prueba: la Tierra, el Agua, el Aire y el Fuego.

# APRENDER A SER, SER APRENDIZ

Reivindicar nuestra libertad existencial implica el compromiso de buscar nuestra genuina originalidad, pero también la ambición de superar la mostrenca autosatisfacción de lo dado, para llegar a lo que puedes ser en tu mejor posibilidad: la voluntad de asumir nuestras mejores posibilidades. «Mejor» en este contexto, no significa mayor o menor éxito social o económico, sino no renunciar a nuestro ser más auténtico. Nacer es necesario, pero no suficiente para llegar a ser el que somos. Ya lo dijo Ortega y Gasset: el ser humano es un «ser indigente», somos seres escindidos entre un imperativo: la circunstancia y, un horizonte que nos invita: la vocación.

Fernando Savater mejora la idea de la indigencia orteguiana con un imperativo ético que nos interpela a todos los nacidos: la obligación moral de ayudar a los demás a llegar a ser, como nos ayudaron a nosotros.

> El melocotón nace melocotón, el leopardo viene ya al mundo como leopardo, pero el hombre no nace ya hombre del todo ni nunca llega a serlo si los demás no le ayudan.
>
> Fernando Savater

Nacemos aprendices de nosotros mismos, tenemos que descubrir nuestra propia maestría y necesitamos la ayuda y el estímulo de los otros para llegar a ese descubrimiento. La iniciación en Logia, tal y como la he practicado bajo los auspicios de la Gran Logia Simbólica Española, con hombres y mujeres en pie de igualdad, ha sido un proceso constante de aprendizaje existencial. He conocido sin embargo hermanos y hermanas en masonería que se sienten irresistiblemente atraídos por un tipo de hermenéutica neoplatónica o gnóstica del rito, que puede tener valor, a mi juicio, en el ámbito de la conciencia de cada iniciado, que responde a la libertad de entender y entenderse, pero que si se convierte en interpretación normativa para todos destruye el ser de la Logia como centro de la unión y la convierte en una especie de capilla secreta. En realidad, ningún esquema hermenéutico del ritual masónico puede establecerse como preceptivo para todos.

Cada hermano o hermana tiene la libertad de realizar su propia hermenéutica a partir del lenguaje simbólico que le propone la Logia.

Andrés Ortiz-Osés[1] define así esa especial virtualidad del lenguaje simbólico: «El símbolo –condensación de energía psíquica– no es, pues, algo

---

[1] Andrés Ortiz-Osés (1943-2021) filósofo español, antropólogo y escritor aforístico, fundador de una hermenéutica simbólica del sentido..., maestro y amigo. Fue miembro de ho-

meramente decorativo o ilusorio, ni los arquetipos –condensación de símbolos–, sueños vanos. Símbolos y arquetipos constituyen, condensados a su vez en mitos, el lenguaje inconsciente de la Humanidad y, así, la urdimbre de nuestras actitudes fundamentales ante la vida (axiología). En este sentido, la tipología simbólica de los mitos representa en clave "trópica" (figurada) los *pattern of behaviour*, o pautas y matrices del comportamiento colectivo, accediendo a través de su imaginería a las estructuras profundas de nuestra psique, así como a la experiencia metafísica del hombre en su mundo».

La adquisición de un nivel determinado de competencia simbólica, nos obliga a atender a lo que revelan nuestros actos no verbales y los de los demás. Practicar la hermenéutica nos ayuda a comprender cómo los símbolos en general actúan sobre nosotros, nos despiertan una habilidad crítica frente a los diferentes mecanismos de manipulación simbólica (políticos, psicológicos, religiosos, ideológicos, comerciales...) que nos permiten ser más libres y más conscientes de aquellas intenciones manipuladoras a las que todos nos encontramos expuestos en nuestra vida ordinaria.

La masonería es una experiencia humana singular. La logia es una forma de sociabilidad que, si es lograda, puede ser estimulante y enriquecedora; nos aporta egregora, luz y calor, sentido de pertenencia; pero, como todas las relaciones humanas –el amor, la familia, la amistad...– está también amenazada por la decepción, la mediocridad y el fracaso. Ese fracaso se puede dar en forma de falsificación, inautenticidad o confusión. La filantropía masónica no es un simple buenismo, ingenuo y beatífico, campo fácil para la manipulación y el engaño, sino que es un entendimiento radical y adulto de la condición humana, con sus luces y sus sombras. La masonería es un método de autorreflexión fruto una larga decantación histórica que versa sobre nuestra humanidad.

La masonería especulativa, reflexiva o moderna surge a partir de la mutación de las antiguas logias de masones o constructores –en castellano viejo, mazones o mazoneros– que habían ido incorporando a sus filas a personas que no eran masones operativos, es decir que no se dedicaban a

nor de la Sociedad Española de Psicología Analítica, director de la colección *Hermenéusis* de la editorial Anthropos y profesor de las universidades de Zaragoza, Pontificia de Salamanca y Deusto, en la que se jubiló como catedrático emérito; en su obra realiza la intersección entre la escuela de Heidegger (Dasein) y la escuela de Jung (Círculo Eranos).

la cantería ni a la albañilería pero que querían participar del prestigio y de la sociabilidad de los constructores. El fin de las logias cambia, sufre una mutación: se pasa de una construcción real y efectiva a otra metafórica.

Esa mutación toma como analogía y esquema hermenéutico la idea de la construcción. Si hasta este momento las logias se dedicaban a construir edificios de piedra y a estudiar y discutir los problemas teóricos y prácticos de esas construcciones, a partir de ese momento el objeto de la masonería especulativa será ayudar a construir seres humanos y sociedades, y la actividad de la logia será estudiar y discutir los problemas de ese tipo de construcción: la arquitectura de lo humano.

Esto presupone que, en efecto, el ser humano es un ser que no nace hecho y definido, sino que es proyectivo, trascendente y se va realizando con mejor o peor fortuna a lo largo de su existencia.

## 2. ¿Qué es el RITO en masonería?

«El verdadero rito es hacer preguntas».
LUISA FERNANDA AGUIRRE DE CÁRCER

El ritual de iniciación es el umbral intelectual y moral de la logia. En él se representa de una manera dramatizada la experiencia existencial del laberinto: escenificamos unos viajes llenos de peligros que evocan de una manera simbólica los riesgos de la propia vida: la caída, la confusión, el extravío, el dolor... El sentido de esos viajes es recorrer un camino a través del cual sufrimos/gozamos una paulatina transformación. En primer lugar mediante un proceso de desfamiliarización, o descomposición; luego mediante un esclarecimiento o rectificación, más adelante un desvelamiento y finalmente una confirmación y proclamación. Todo el ritual está presidido por el aforismo griego «Conócete a ti mismo» (γνωθι σεαυτόν, transliterado como *gnóthi seautón*, en latín *gnosce te ipsum*) inscrito en el frontispicio del templo de Apolo en Delfos. La masonería moderna surge en el siglo XVIII pero sus raíces y fuentes se remontan a los orígenes antiguos y clásicos de las tradiciones iniciáticas.

### 3. Salir de nuestra distraída profanidad

El modo habitual y primario –señala José Luis Cobos– en que se encuentra el ser humano en el mundo es el de la cotidianidad. Lo que nosotros llamamos la profanidad. Nos sorprendemos a nosotros mismos distraídos y perdidos de nuestro ser-original, y sentimos la apremiante necesidad de volver al origen, a la morada interior. Pero para ello necesitamos orientarnos en el mundo circundante, que es un laberinto lleno de ruido, de engaños, confusiones, falsas expectativas e ignorancia. El método masónico nos invita a desconfiar de lo aparente y buscar más allá de las apariencias (José Luis Cobos).

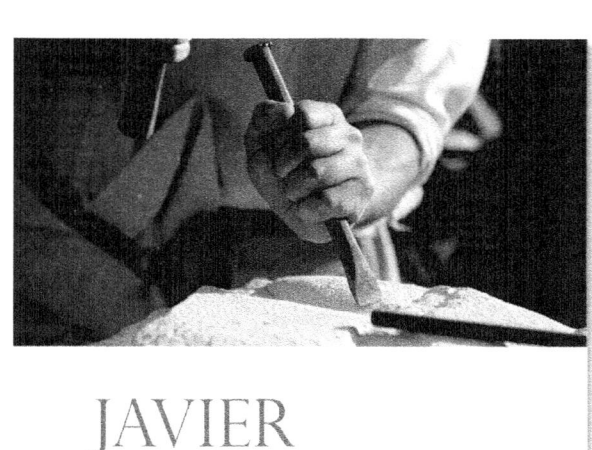

JAVIER
OTAOLA

SER APRENDIZ,
APRENDER A SER

Ensayo sobre la iniciación masónica

masonica.es

Josep-Lluís Domènech Gómez, funcionario emérito del Excmo. Ayuntamiento de Barcelona; ha sido Venerable Maestro de la R. L. Montjuic, Gran Canciller y Gran Maestro Adjunto del Gran Orient de Catalunya. Es Gran Maestro Adjunto para Exteriores, de la Gran Logia Simbólica de España (GLSE). Es miembro de la R.L. Ciencia i Llibertat y del Supremo Consejo Masónico de España (SCME) del que es grado 33° y presidente del Capítulo Rosacruz Salud, Fuerza y Unión. Fue iniciado en el Rito Egipcio en la Grande Loge Française de Memphis-Misraîm, en Perpignan (Francia). Es autor de los conocidos ensayos de la serie de los Altos Grados del Rito Escocés Antiguo y Aceptado: *Logia de Perfección, Capítulo Rosacruz, Príncipe del Tabernáculo* y *Príncipe Kadosh*, además de otros ensayos masónicos como *El Venerable Maestro* (en español y en catalán) y *El silencio masónico, Los Oficios de la logia, Manual de procedimientos operativos de logia* y *Las planchas masónicas*. Es también autor-compilador de los *Rituales Altos Grados del Rito Escocés Antiguo y Aceptado (Grados 4°-33°)*, obra de enorme difusión en todo el mundo de habla española.

# LA PROGRESIÓN MASÓNICA DEL APRENDIZ EN EL R.E.A.A.

*Josep-Lluís Domènech Gómez*

Los Aprendices recién iniciados son confiados al Segundo Vigilante, quien se encarga de transmitirles, de manera didáctica y gradual, los primeros conocimientos de la masonería desde una perspectiva formal. La pedagogía utilizada debe ser cuidadosa y estructurada para asegurar que esta formación sea comprendida y asimilada adecuadamente, ya que su objetivo es establecer una base sólida que sustente su desarrollo iniciático y masónico. Es esencial que el proceso de enseñanza sea progresivo y constante, subrayando la importancia del compromiso personal, tanto en interés como en dedicación, por parte del Aprendiz. Este compromiso debe ser formal y firme, ya que desde los primeros pasos el iniciado deberá familiarizarse con uno de los principios fundamentales de la masonería, que lo acompañará a lo largo de todo su recorrido masónico.

Uno de los primeros aspectos que deben internalizar desde el inicio es que la masonería es una Orden iniciática con una rica tradición simbólica y profunda en significado. Cada etapa en el proceso de aprendizaje está diseñada para promover la reflexión y el crecimiento personal.

La introducción al simbolismo, la correcta comprensión de términos esenciales, el conocimiento de conceptos masónicos, el aprendizaje de los primeros usos y normas, así como la familiarización con el ritual del Primer Grado, constituyen elementos clave en la formación básica del Aprendiz. Además, estas enseñanzas teóricas se verán reforzadas mediante la práctica constante, a través de la asistencia regular a las tenidas, lo que consolidará su aprendizaje de manera integral.

## El primer eslabón:
## los elementos de integración del Aprendiz

Es evidente que los Aprendices recién iniciados acumulan en su memoria, así como en su percepción visual y psíquica, un cúmulo de conceptos, al principio desordenados y recibidos de manera atropellada. Estos conceptos deben ser organizados mediante la reflexión pausada y la meditación, lo que da lugar a lo que se denomina la Plancha de Impresiones de Iniciación.

El nuevo masón, integrado en la logia, recibirá antes de finalizar la Tenida Magna de Iniciación, el encargo del Venerable Maestro de elaborar una plancha en la que plasmará las impresiones y efectos emocionales que ha experimentado durante la ceremonia, densa y cargada de significado.

Una de las primeras tareas del Segundo Vigilante es asignar al Aprendiz recién iniciado su primer trabajo en logia: la redacción correcta de su Plancha de Impresiones. En esta plancha, el nuevo Aprendiz volcará sus reacciones inmediatas, sus dudas y sus primeras comprensiones, respondiendo al encargo que se le ha encomendado.

Es fundamental que el Segundo Vigilante transmita al recién iniciado la importancia de poner todo su interés y el esfuerzo de su espíritu en la confección de este primer trabajo. Recuerdo con cariño las palabras suaves y la cálida mirada de un viejo Maestro, ya en el Oriente Eterno, quien, durante mi primer Ágape Fraternal, me dijo:

> Hermano, procura que todos tus trabajos, ya sean Impresiones o Planchas simbólicas, sean genuinamente tuyos. No te obsesiones con la perfección de las palabras, sino más bien con que las ideas que nacen en tu mente pasen primero por tu corazón, y que a través de tu brazo lleguen a tu mano, para finalmente plasmarse en el papel con firmeza.

Otra tarea esencial que el Segundo Vigilante debe inculcar desde el principio al nuevo Aprendiz es que las Tenidas Masónicas no concluyen al finalizar el ritual en la logia. Continúan con los Ágapes Fraternales, una oportunidad para que los miembros del taller se conozcan mejor, superen posibles barreras de timidez y logren una plena integración personal.

## El método masónico desde el principio

El método masónico se estructura en tres pilares fundamentales: un sistema progresivo y organizado, la comprensión y el uso regular de la simbología y los rituales, que se basan en la metáfora de la construcción tanto personal como grupal, y el sabio debate de ideas, acompañado del intercambio de experiencias dentro de la logia. Tras la Iniciación, el masón comienza un largo camino de autorrealización. Desde su proyecto personal, debe trabajar con libertad y responsabilidad, siguiendo la senda de sus predecesores, los masones operativos, quienes en su época construyeron majestuosos edificios sacros, como monasterios y catedrales.

La construcción, en ese entonces, era una labor cotidiana y colectiva, que implicaba no solo habilidad profesional, sino también una convivencia armoniosa. Esta convivencia demandaba la práctica de virtudes éticas, como la solidaridad —la aceptación y apoyo mutuo—, la igualdad —el trabajo conjunto y la interdependencia entre hermanos— y la fraternidad, manifestada en la ayuda material y el comportamiento digno.

Para los recién llegados, este es el momento de empezar a construir su propio edificio personal: esculpir buenas costumbres, pulir vicios profanos y adquirir nuevos conocimientos, siempre evitando el narcisismo y el egoísmo. Esta tarea debe enmarcarse en la comprensión de lo que significa estar en el templo masónico desde el principio. Es necesario entender el propósito de cada acción y ritual en los talleres, lo que nos transporta a un mundo alejado del ruido profano, donde se pone en práctica el simbolismo y la moral de los antiguos misterios.

El equilibrio entre lo individual y lo colectivo ha sido, a lo largo del tiempo, la base del progreso social. El egoísmo ha ocasionado siempre resultados negativos, por lo que el nuevo iniciado debe esforzarse por integrarse con sus hermanos en el trabajo compartido, dejando de lado el individualismo. De este modo, contribuirá al progreso armónico de la sociedad, guiado por la tolerancia, la solidaridad y la generosidad.

El iniciado debe comprender que forma parte de una fraternidad cuyo objetivo es el mejoramiento personal y social. Este debe ser el motor moral que impulse sus avances íntimos, junto con la comprensión gradual de los rituales masónicos y del significado simbólico del templo. La masonería emplea una estrategia centrada en la exploración de la «arquitectura interna» del ser humano, manteniendo el foco en el individuo sin perder de vista el impacto en la sociedad y la naturaleza. El saber pensar (filosofar), seguir un método ordenado y asumir responsabilidades (compromiso) son los resultados que cada masón debe buscar en su incesante búsqueda de la Luz. Este recorrido personal emula la idea de la *Academia*, como una actitud de aprendizaje continuo en el sinfín del Arte masónico.

Desde el principio, en el Arte Real, es fundamental emprender caminos de libertad, pluralismo y convivencia pacífica. Hacerlo es responder a la confianza que se nos otorga al entrar en la Orden, iniciando así una nueva etapa de crecimiento personal. Las logias masónicas se esfuerzan por realizar una labor hermenéutica que se condensa en tres elementos: Rito, Símbolo y Diálogo. A través de la interacción, desde el Aprendiz hasta el Maestro, el entendimiento, la concordia y la fraternidad se consolidan.

La masonería, como propuesta iniciática, va más allá de un grupo de opinión: es una invitación al encuentro y a la interpretación compartida de nuestra humanidad común. Progresar uno mismo, en el conocimiento personal, facilita el entendimiento con los demás.

Guy de Faur, Señor de Pibrac (1529-1584), dejó un legado en sus *Cuartetas de Pibrac*, donde enumera defectos personales a evitar, ofreciendo enseñanzas útiles para la vida, basadas en principios de la antigua Grecia:

1. No hacer nada.
2. No hacer lo que es debido.
3. Hacer lo indebido.
4. Obrar fuera de tiempo o tarde.

A pesar del paso del tiempo, estos principios son plenamente vigentes para el *método masónico* actual. El Iniciado debe siempre obrar en aras de la paz y la fraternidad, evolucionando desde su interior, y venciendo prejuicios y dogmatismos.

## La ética del Aprendiz

Pertenecer a un grupo iniciático implica una entrega de fidelidad hacia este. Es necesario sumergirse en su conocimiento para comprender sus claves y su estructura interna, lo que permitirá participar en la obra colectiva. Al mismo tiempo, la perseverancia, fundamentada en una interpretación correcta del compromiso, no demanda rapidez, sino un asentamiento gradual de conceptos, donde se arraiguen las buenas costumbres. Estas, a su vez, fomentarán un mejoramiento progresivo tanto moral como intelectual, en un marco que actúa como un semillero de ideas de honor y virtud. Este proceso no siempre es fácil. Proporcionar la dosis adecuada de sabiduría iniciática y proyectar una nueva forma de vida es la tarea que el Segundo Vigilante debe desempeñar con gran responsabilidad.

## Asumiendo responsabilidades

El Aprendiz deberá asimilar un conjunto de enseñanzas y responsabilidades operativas que, aunque al principio puedan parecer monótonas, largas o difíciles, son esenciales para su formación. A través de la práctica ritual y la participación en la preparación y desmontaje del templo, estas tareas se volverán más accesibles y menos tediosas. El objetivo es que el Aprendiz comprenda la esencia del cuadro de logia y, más adelante, la estructura simbólica que lo sustenta. Gran parte de su aprendizaje se centra en estos dos aspectos.

Las *Constituciones de Anderson* mencionan varias veces el papel del Maestro de Logia (Venerable Maestro) y de los dos Vigilantes, y definen claramente sus misiones iniciáticas. El Hermano recién llegado debe ser instruido en cómo trabajar, aprender y comportarse adecuadamente, para que pueda cumplir con las reglas necesarias para ejercer el amor fraternal.

Esta responsabilidad recae sobre el Segundo Vigilante, quien no solo instruye al Aprendiz, sino que también vela por que sus primeros pasos sean seguros y firmes. Es importante destacar que, después de la primera tenida, el Aprendiz se siente rodeado de los abrazos y felicitaciones de sus Hermanos, pero en realidad aún desconoce muchas cosas, desde las identidades y cualidades masónicas de sus Hermanos, hasta sus nuevas obligaciones personales.

Es aquí donde comienza la labor del instructor. Gracias a su experiencia, sabe que el recién llegado tiene muchas dudas internas, y debe brindarle las respuestas adecuadas. En entrevistas personales, el instructor aclarará todas sus preguntas y lo preparará para comenzar su camino masónico. Desde el momento en que termina su tenida de Iniciación, el Aprendiz debe ser consciente de que tiene al Segundo Vigilante a su disposición para cualquier duda que surja. Otra tarea crucial del Segundo Vigilante es ayudar al Aprendiz a comprender el funcionamiento, las reglas y los códigos del grupo al que acaba de integrarse, así como el lenguaje masónico. Para el recién llegado, términos como «columnas», «trazado» o «medallas profanas» pueden ser confusos. Asimismo, el desarrollo básico del ritual y sus momentos clave pueden parecer difíciles de entender al principio. Por ello, es fundamental que el Aprendiz reciba las explicaciones necesarias desde el primer momento, para que su progreso masónico y ritualístico sea más dinámico y fructífero.

## La transmisión iniciática del Segundo Vigilante

La transmisión de conocimiento, aunque pueda parecer banal en el mundo profano, es de vital importancia en el contexto masónico, ya que no todos poseen la capacidad de transmitir enseñanzas de manera adecuada. El paso por los distintos cargos en la logia proporciona al Maestro un conocimiento superior, que lo habilita para desempeñar funciones relevantes, especialmente en la transmisión iniciática. Es esencial que el Segundo Vigilante sepa transmitir al Aprendiz los conocimientos iniciáticos correspondientes a su grado de forma precisa, ponderada y expresiva, utilizando los textos del Ritual de Primer Grado como herramienta clave.

### «Yo no sé leer ni escribir…»

Esta frase, que se le enseña al recién iniciado, tiene un valor esencialmente especulativo. La lectura y la escritura representan la memoria, la historia y la comunicación entre los hombres, y son las llaves de la modernidad, contrastando con la antigua oralidad. Aquellos que no dominan estas habilidades se ven relegados en la sociedad, lo que los lleva a una desconexión social. La única solución a esta barrera es aprender, y para aprender es necesaria una enseñanza adecuada que, en este caso, debe contener dosis de sabiduría iniciática.

Es necesario instruir al Aprendiz con un enfoque simbólico accesible, para que, en su progreso, se acostumbre a trabajar con los símbolos. Se trata de enseñarle a comprender su etimología y a practicar, desde el principio, el arte iniciático de compartir y reconocer el conocimiento.

## Objetivos básicos de la transmisión

El contenido de la transmisión es fundamental para la formación intelectual y afectiva del Aprendiz. Existe un corpus simbólico y filosófico, además de moral, que la masonería transmite sutilmente. El Segundo Vigilante, durante el tiempo en que tenga al Aprendiz bajo su tutela, deberá enseñarle, además del simbolismo propio de su grado, la noción de logia como espacio de comunicación humana, el concepto de jerarquía dentro de la logia y la Obediencia, y el conocimiento del ritual en todas sus vertientes.

## «Cada maestrillo tiene su librillo»

Este refrán nos recuerda que cada persona, especialmente en el ámbito iniciático, tiene su propia forma de pensar, y que todas estas formas son válidas y fructíferas. Aunque cada maestro pueda tener un método distinto, es importante respetar estas diferencias, ya que existen diversas maneras de enseñar y aprender. El contenido de la enseñanza del Segundo Vigilante debe ser personal e intransferible, adaptado a las particularidades del Aprendiz.

## Objetivos generales

El objetivo principal es introducir al Aprendiz en el conocimiento de la simbología y doctrina de la Orden, específicamente en el Primer Grado. Si hay colaboración iniciática, el proceso de enseñanza será fluido y rápido, aunque en algunos casos será necesario moderar el avance del Aprendiz.

Es fundamental que el recién iniciado desarrolle las capacidades cognitivas y afectivas necesarias para integrarse plenamente en su grado y en la logia. El Segundo Vigilante debe proporcionarle herramientas conceptuales y de trabajo intelectual que le permitan deducir las conductas apropiadas para un masón de Primer Grado.

## Objetivos específicos

Desde esta perspectiva, el Segundo Vigilante debe adaptar su enseñanza a las necesidades individuales de cada Aprendiz, considerando su preparación intelectual, laboral, social y familiar. Los resultados esperados incluyen:

1. Que el Aprendiz sepa describir e interpretar, conforme a la doctrina de la Orden, los aspectos formales del ritual.

2. Preparar al Aprendiz para que utilice adecuadamente el lenguaje simbólico en todo momento.

3. A través de clases prácticas, lograr que el Aprendiz comprenda los fundamentos de la simbología esotérica y filosófica del Primer Grado.

4. Capacitar al Aprendiz para que conozca la trayectoria histórica de la masonería especulativa.

5. Instruir sobre la Constitución de la Obediencia y el Reglamento Interno de la Logia dentro del Primer Grado.

6. Desarrollar en el Aprendiz una actitud que contemple una concepción ética del ser humano y la naturaleza, permitiéndole comportarse en el mundo profano como un verdadero masón o masona.

## La disciplina del sigilo: la prudencia y la reserva

«Manejar el silencio es más difícil que maniobrar la palabra».

GEORGES CLEMENCEAU

En la formación del Aprendiz masónico, uno de los primeros principios que debe asimilar es el valor del Silencio. Este no debe ser entendido como una limitación, sino como una actitud de discreción y prudencia, que le permitirá una mayor introspección personal para avanzar en su camino iniciático.

A través de la práctica del silencio, el Aprendiz aprenderá, casi sin notarlo, el arte de la analogía y a entrar en contacto consigo mismo y con los arquetipos que duermen en lo profundo de su psique. Este proceso le facilitará el discernimiento, fundamental para su crecimiento personal y masónico.

En un estado de reserva y sigilo, el Aprendiz accederá a realidades más profundas y podrá apreciar, con el tiempo, que la masonería no está destinada a resolver enigmas ni a promover teorías lógicas en todo momento, sino a oponerse a la precipitación y fomentar la reflexión pausada.

Saber escuchar e imponerse el silencio es una herramienta esencial para el recién llegado. Es preferible ser pensador que hablador, ya que el conocimiento no se obtiene mediante el uso excesivo de la palabra y la discusión, sino mediante el estudio reflexivo y la meditación silenciosa.

Al Aprendiz se le debe enseñar que:

La sabiduría arcana está llena de consideraciones sobre el silencio. Para Cicerón, significaba reserva; para Tito Livio, quietud; para Ovidio, representaba a los muertos, y para Virgilio, los lugares solitarios. El silencio debe ser para el Aprendiz el prólogo sabio e ilustrado de su labor masónica futura.

La Escuela Pitagórica profesaba la práctica del silencio, mediante la cual alcanzaban niveles elevados de trabajo espiritual, semejante a la labor iniciática y silenciosa de las abejas, que liban la miel del sueño y beben del agua viva que emana del saber.

## Metodología

Para lograr los objetivos con los Aprendices, es necesario estructurar las enseñanzas de forma clara y ordenada. Estas deben desarrollarse en programas semestrales o anuales, según los calendarios de las Obediencias y logias, y basarse en una selección de Unidades Temáticas. Siempre que sea posible, las sesiones de trabajo deberían realizarse en el templo, fomentando así un contacto constante con el espacio sagrado.

Cada sesión debe incluir diversos aspectos, tales como el simbolismo, el ritualismo y la historia, respetando siempre los parámetros de estudio de cada unidad. También es importante fomentar el trabajo en grupo, ya que este facilita un intercambio de preguntas y respuestas que, en teoría, puede cristalizar un aprendizaje más efectivo.

# UNIDADES TEMÁTICAS

Un plan de docencia para el Primer Grado masónico se podría estructurar en cuatro grupos de unidades temáticas generales, junto con la Instrucción General de Grado. Estas unidades abordarían los siguientes temas:

1. Simbolismo
2. Filosofía y doctrina
3. Historia
4. Organización: leyes y reglamentos
5. Instrucción general de grado

# 1. Simbolismo

- **Interpretación de los símbolos**
  Piedra Bruta, Mazo, Cincel y Regla de las 24 divisiones.
- **Retablo de Primer Grado**
  Palabra Sagrada, Estar al Orden, Saludo, Marcha, Toque, Edad, Tiempo de Trabajo, Batería.
- **La Logia**
  Significado de una Logia de San Juan, El Templo, Los Oficiales y sus Atribuciones, Las Trilogías Masónicas de Primer Grado.
- **La Iniciación**
  Descripción de las fases de la Iniciación, comprensión del valor del Silencio, Simbolismo y decoración de la Cámara de Reflexión, interpretación de los Viajes iniciáticos, y el Juramento del Aprendiz.

# 2. Filosofía y doctrina

- **El Trabajo del masón**
  Tradición, Esoterismo, Iniciación, y Escala de Valores.
- **La Tradición**
  Historia de la masonería, desde sus antecedentes hasta los orígenes especulativos en 1717, la Constitución de Anderson, el contexto histórico de la masonería y su comparación con la segunda década del siglo XXI, Obediencias, Ritos y Cismas.
- **El Esoterismo**
  Diferencias entre Esoterismo y Exoterismo, revisión de la historia mitológica, cabalística, procesos alquímicos, ceremonias, hermetismo y conciencia de identidad. Estudio de los 4 viajes iniciáticos, percepción de la Energía Magnética, conciencia de la Egrégora, y diferencias entre un Texto Profano y una Plancha masónica.
- **La Iniciación**
  Preparación para el paso del Mundo Profano al Sagrado, estudio del Ritual: estructura y gestualidad simbólica, ¿Por qué se realizan los ritos de cierta manera? Dosificación de la información en la formación del Aprendiz y síntesis efectiva del conocimiento.

- **La Escala de Valores Masónica**
  Caridad, Tolerancia, Fraternidad, Secreto, Discreción, Silencio, Fidelidad, Sabiduría, Honradez y Lealtad.

## 3. Historia

- **Orígenes de la Institución**
  Comprender los fundamentos esotéricos en los pueblos antiguos, características de las Comunidades Místicas, fundamentos de las principales Escuelas Esotéricas, vida y obra de los Grandes Iniciados, y las corrientes esotéricas más influyentes en la masonería: Cábala Hebrea, Gnosticismo, Alquimia, Hermetismo, Templarios y Rosacruces.
- **Corporaciones de Constructores**
  Estudio de las aportaciones de los constructores egipcios, griegos, romanos y medievales, y su influencia en el desarrollo de la masonería.
- **Masonería Operativa y Especulativa**
  Explicación de la historia de la masonería en América, Europa y a nivel mundial, y las diferencias entre la masonería operativa y especulativa.
- **Sociedades Secretas**
  Análisis de las Sociedades Secretas que marcaron pautas en la historia medieval, moderna y contemporánea.
- **Historia Contemporánea de la masonería Especulativa**
  Estudio de los Landmarks, las Constituciones de Anderson, y el proceso de transición de la masonería operativa a especulativa. También se abordará la historia de la Obediencia propia, CLIPSAS, LUF, entre otros.

## 4. Organización, leyes y reglamentos

- **La masonería**
  Definición de la institución masónica, estudio de la Constitución y Reglamentos Generales de la Obediencia.
- **Conocer el Rito Oficial de la Obediencia**
  Instruir al Aprendiz en el Rito Escocés Antiguo y Aceptado (REAA), si este no es el Rito Oficial, sin dejar de lado un conocimiento básico del rito oficial. Estudio de los deberes y derechos de un Aprendiz, y el Reglamento Interno de la logia.

- **La Logia**

  Definición de la logia como taller de ideas, estudio de los conceptos de Logia Simple, Justa y Perfecta, conocimiento de los cargos de Oficial de Logia, y comprensión del sentido de «Estar a Plomo». Además, el tema del Aumento de Salario y los requisitos para ascender al Grado de Compañero.

## Regla, martillo y cincel

Para comprender plenamente, es necesario «sentir con los sentidos» los elementos físicos y tangibles que nos rodean. Es a partir de la observación de estos elementos que podemos sintetizar y medir la comprensión. Del mismo modo, debemos actuar con lo intangible; estas agrupaciones contextuales deben enseñarse a mesurar con la regla, que actúa como símbolo de norma y guía.

La regla, por lo tanto, debe ser la primera herramienta fundamental en la comprensión del Oficio del masón que inicia su camino. A continuación, acudimos al martillo, o al mazo, que junto con el cincel, delimitará para el recién llegado la fuerza y el poder necesarios para transmitir la energía simbólica de la Fuerza de la Razón Activa.

Sin embargo, será el cincel el que, en última instancia, plasmará la ejecución material de la obra. Estos tres elementos simbólicos (regla, martillo y cincel) deben presidir en todo momento tanto la instrucción impartida como la recepción ordenada de este conocimiento por parte del Aprendiz.

## Conclusión

En un resumen conceptual de la formación del Aprendiz en el Primer Grado, es fundamental reconocer que este proceso puede ser percibido como intenso, incluso violento, por quien se inicia. Desde el primer umbral, el Paso bajo Venda, la Cámara de Reflexión, los Viajes y, en general, todo el contexto de la Iniciación, están diseñados para dejar una huella profunda en la memoria del recién llegado. Lo que para los masones ya es parte de su tradición, puede resultar traumático para alguien que proviene de la sociedad profana, del «exterior». La ceremonia involucra un proceso de desnudez moral y física: ni desnudo ni vestido. En algunos casos, esto puede resultar incómodo, ya que el nuevo Aprendiz no conocía a sus

Hermanos ni sus intenciones. Incluso podría sentirse observado o vigilado. Sin embargo, todos sabemos que este proceso se lleva a cabo por su bien, sin coacción ni parecido alguno con el comportamiento sectario, que es tan contrario a los principios racionales y humanistas de la masonería.

Por ello, es esencial que el Aprendiz reciba un mensaje de acogida cálido, afectuoso y fraternal, libre de cualquier rigidez innecesaria que pudiera coaccionarlo o incomodarlo. Debe entenderse que la francmasonería no es una sociedad perfecta, ni los francmasones son individuos angelicales. Somos, en esencia, seres humanos que, dentro de la Orden, buscamos la motivación intensa de practicar las virtudes, reconocer nuestras imperfecciones insalvables y convertir en realidad nuestra perfectibilidad. ⚜

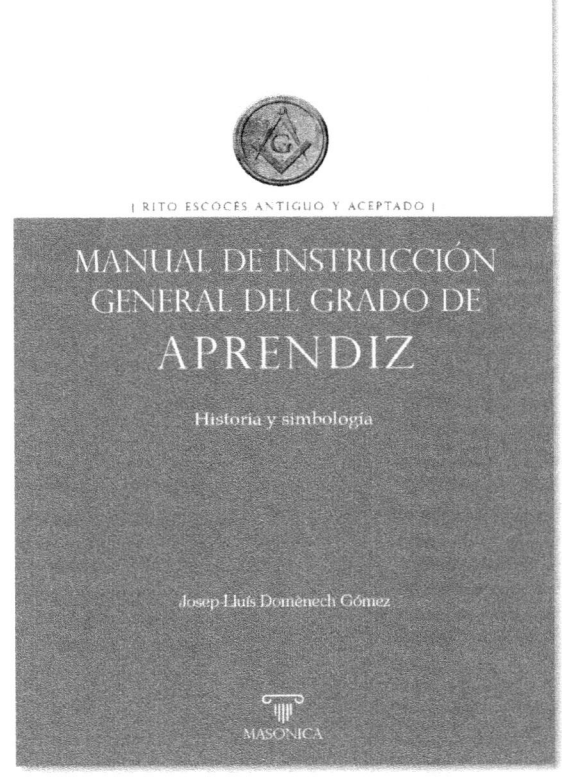

Alfonso Marcuello es profesor de Filosofía de Bachillerato. Máster en Ciencias de las Religiones por la Universidad Complutense de Madrid y Postgrado en Simbología por la Universidad de Barcelona. Estudioso de la tradición esotérica e iniciática occidental y de las filosofías orientales. Maestro masón, fue iniciado en una logia del R.E.A.A. y ha trabajado también el R.E.R. y la masonería egipcia. Como autor, ha colaborado en la revista *Cultura Masónica* con varios artículos: «El grado masónico de Caballero del Sol: simbolismo y práctica alquímica» (n.º 37); «Una perspectiva masónica sobre el arte sagrado: Angkor Wat» (n.º 35); «La alienación del ser humano en el marxismo y en la masonería» (n.º 34); «René Guénon: masonería y tradición» (n.º 24 y 30); «Louis-Claude de Saint-Martin: ¿francmasón y martinista?» (n.º 23). Ha traducido también dos obras publicadas por MASONICA de las llamadas «filosofías del despertar»: *Práctica de las vías del despertar*, de Alain Blandin y *La francmasonería como vía del despertar*, de Rémi Boyer.

# EL GRADO DE APRENDIZ MASÓN Y EL NÚMERO TRES

*Alfonso Marcuello*

## I. Introducción

En el simbolismo y en el ritual masónico el número tres es omnipresente por la existencia de múltiples elementos ternarios, especialmente en el primer grado de Aprendiz Masón. Sin intención de ser exhaustivo, podemos enumerar los siguientes: la jerarquía iniciática de las logias azules, constituida por los tres grados de Aprendiz, Compañero y Maestro; el signo, la palabra y el toque por el cual se reconocen los masones; el carácter tridimensional de la logia, cuya longitud se extiende de oriente a occidente, su anchura de mediodía a septentrión y su altura de zenit a nadir; el ternario de elementos del oriente compuesto por el delta, el sol y la luna; las tres luces de la logia, que son el Venerable y el Primer y Segundo Vigilante; los tres pilares Sabiduría, Fuerza y Belleza, situados en el centro de la logia; las tres ventanas que siguen el curso del sol; las tres grandes luces de la masonería, es decir, la escuadra, el compás y el volumen de la ley sagrada; los tres grandes golpes que introducen en logia; los tres viajes en logia del candidato a la iniciación; el toque triple del Aprendiz y la marcha de tres pasos en escuadra; el signo ternario por escuadra, nivel y perpendicular, que son a la vez las tres joyas móviles de la logia; el primer trabajo del Aprendiz, que se hace dando tres golpes sobre una piedra bruta por medio de dos útiles; la edad del Aprendiz, que son tres años; los tres puntos que caracterizan la firma del masón... Este carácter omnipresente del número tres ha hecho que los masones en general sean conocidos con el apelativo de «hermanos tres puntos», cuyo origen tuvo sin duda una intención satírica pero que pone de manifiesto la importancia del número tres en la percepción que se tenía de la Orden desde el mundo profano.

## II. El número 3 en el pitagorismo

Los orígenes del lugar relevante que ocupa el número tres –y los números en general– en el esoterismo occidental hay que buscarlos en el pitagorismo. Jámblico cuenta en su *Vida de Pitágoras* que fue Orfeo el que enseñó a Pitágoras cómo conocer a la divinidad mediante el número, cuando le reveló que «la esencia eterna del número es el principio que mejor permite acceder al aprendizaje providente de todo el firmamento, la tierra y la naturaleza intermedia, y también es raíz de permanencia de hombres divinos, dioses y démones».[1] Y Aristóteles enseña en su Metafísica que «los llamados pitagóricos creían que los números eran los principios materiales de las cosas»[2] y que «los elementos del número serían para los pitagóricos lo par y lo impar, siendo el primero ilimitado y el segundo limitado, y se coordinarían por el principio de la armonía. Gracias a ésta se irían combinando en magnitudes espaciales, dando lugar a nuestra realidad».[3]

Según Jámblico, el origen de esta concepción pitagórica del número se encontraría en los misterios, como prueba el famoso juramento de la Tetraktys[4] (suma del 1-2-3-4, es decir 10, número perfecto) relacionado con los misterios de Apolo. Este mismo dios estaba relacionado con el tres y el trípode: «Parece que también decía [Pitágoras] que las personas deben hacer libaciones tres veces y que Apolo profetizaba desde el trípode porque la tríada es por naturaleza el primer número.»[5]

Esta alusión a la tríada como el primer número no debería extrañar, dado que la Unidad no es, en realidad, un número, hablando con propiedad. Podría decirse que es la raíz irreductible de todo número, pues es el

---

[1] Jámblico, *Vida de Pitágoras,* 146.
[2] Aristóteles, *Metafísica* A 5, 986 a 15.
[3] Op. cit. M 6, 1080 b 16.
[4] Por aquel que transmitió a nuestra generación la tetractis, fuente de la eterna naturaleza.
[5] Jámblico, op. cit. 152.

Todo universal, el primer principio creador, el Ser inmutable y eterno. Esta Unidad suprema produce el número cuando se descompone en subunidades, a las que transmite su principio de individualidad. Todo el universo está contenido en la Unidad, como dice Pascal [6].

Cuando el Absoluto sin número, el cero metafísico, pasa a la Manifestación, toma conciencia de su existencia en tanto que Ser y se convierte en la Unidad suprema pero, paradójicamente, para realizar su individualidad debe diferenciarse en partes. Aparece entonces la Dualidad –el 2– como consecuencia inmediata de la realización individual. Así podría decirse que la distinción binaria es el resultado del principio de Unidad obrando en el mundo. Todas las manifestaciones cósmicas se basan en la diferenciación por polaridad binaria, siendo el amor y la lucha los dos aspectos de la ley del mundo manifestado[7].

Pero la Dualidad no es absoluta, permanece contenida en la Unidad y los polos de dicha dualidad no impiden la síntesis. De esta forma, el Ternario –el 3– es a su vez el complemento necesario de la diferenciación universal. Frente al número 2 –principio de diferenciación– aparece el número 3 –principio de acción–. Por eso los pitagóricos hablan del 3 como del primer número, pues es la Unidad perfectamente manifestada, es decir, la Unidad –el 1– se manifiesta o despliega como Tríada –el 3–: dos formas extremas diferenciadas y un punto intermedio. El Ternario expresa, por lo tanto, el desarrollo de la Unidad y el retorno a la Unidad.

Como dice el *Tao-te-Ching*: «El Tao engendra el Uno, el Uno engendra el dos, el dos engendra el tres. El tres engendra todos los seres»[8]. El Tao es, pues, de naturaleza triple: la unidad se divide en dos principios, Yin y Yang y reunidos representan la armonía del tres.

Existía una predilección entre los pitagóricos por los números impares y por el número tres como primer número impar. Era considerado como un número perfecto, de ahí la frase popular: «Omne trinun est perfectum» o como diríamos nosotros: «No hay dos sin tres». El mismo Platón comienza su diálogo más pitagórico, el *Timeo*, con las palabras « Uno, dos, tres.» En este sentido, puede afirmarse que el número impar es perfecto, dado su carácter indivisible y, por lo tanto, inalterable; pertenece al orden

[6] Pascal, *Pensamientos. Consideraciones sobre la geometría*
[7] Empédocles: el Amor y el Odio; Heráclito: la lucha, el conflicto.
[8] *Tao-te-Ching*, XLII

eterno, mientras que el par está sometido al tiempo. Según el *Yi-king* los números impares están relacionados con el *yang* y los números pares con el *yin*. Los primeros son activos, masculinos, celestes; los segundos, femeninos, pasivos, terrestres.

Los pitagóricos entendían los números como constituidos por puntos dispuestos de diferentes formas. La unidad fue representada por el punto; el dos por los dos puntos extremos de una recta; el tres, finalmente, por los tres puntos que forman los vértices de un triángulo (equilátero):

$$* \\ * \quad *$$

Por eso el número tres es un triángulo o número triangular (el segundo número triangular, al considerarse la mónada potencialmente triangular): resultado de la unión de la mónada y de la díada, es decir, su síntesis. Y si tomamos el cuarto número triangular, su representación es la siguiente:

$$* \\ * \quad * \\ * \quad * \quad * \\ * \quad * \quad * \quad *$$

Como puede apreciarse, este número está compuesto por diez puntos dispuestos en cuatro filas que contienen respectivamente uno, dos, tres y cuatro puntos. Se trata de la década –número 10– que expresa la suma de 1+2+3+4=10, es decir, la Tetraktys que como antes hemos indicado constituía para los pitagóricos la clave para la comprensión de los secretos de la naturaleza (desde la física hasta la acústica).

## III. El ternario en logia de Aprendiz

Como hemos señalado al comienzo del artículo, el simbolismo del grado de Aprendiz Masón está lleno de elementos ternarios. Vamos a centrarnos en algunos de ellos: el delta luminoso, que forma un conjunto con el sol y la luna en el Oriente; los tres pilares de la Sabiduría, la Fuerza y la Belleza, situados en el centro de la logia; finalmente, los tres pasos del aprendiz, que deben llevarle de occidente a oriente.

# EL GRADO DE APRENDIZ MASÓN Y EL NÚMERO TRES

El delta[9] luminoso preside la logia de Aprendiz y está situado en el Oriente, encima del Venerable Maestro. A sus dos lados, el sol y la luna, con los que forma las tres grandes luces que iluminan los trabajos de la logia. Para Arturo Reghini «el símbolo pitagórico de la Tetraktys, en su forma esquemática de triángulo equilátero, coincide manifiestamente con la forma esquemática del delta masónico».[10] La herencia pitagórica de la masonería es manifiesta en este símbolo, que se transformará en el segundo grado, el de Compañero Masón, en la estrella flamígera, que en su forma de pentalfa ocupaba también un papel central en el pitagorismo.

El delta luminoso masónico lleva en su centro el tetragrama sagrado en letras hebreas o bien el ojo divino. En este sentido es uno de los aspectos del Principio, del Gran Arquitecto del Universo, cuyo ojo –*tercer ojo* u *ojo del corazón*– simboliza la omnisciencia y también la consciencia interior de carácter superior que está constantemente despierta, necesaria para el conocimiento espiritual o *Gnosis*. Esta consciencia superior, asociada al Venerable Maestro, es la culminación y síntesis de los otros dos símbolos que están a los lados del delta luminoso: la luna y el sol. La luna creciente está situada a la cabeza de la columna del norte representando una fase ascendente de desarrollo, de la misma manera que el Aprendiz ha comenzado una vía de progreso por su iniciación. Simboliza una forma de conocimiento indirecto, reflejo y discursivo, pero necesario en una primera etapa de desarrollo espiritual. La luna recoge todas las influencias terrestres (*yin*) pues representa la manifestación sensible en sus diversas formas más o menos sutiles. Por su parte, el sol ilumina la columna del sur, la de los Compañeros. En este caso se trata de un conocimiento directo, inmediato e intuitivo, representativo de una etapa más avanzada del iniciado. El sol recoge todas las influencias celestes (*yang*) y representa lo suprasensible y trascendente que ilumina la manifestación sensible (luna).

Según Jules Boucher[11], los tres lados del delta luminoso pueden referirse a distintos ternarios masónicos: Pensar bien, hablar bien, actuar bien; Libertad, Igualdad, Fraternidad; Pasado, Presente, Futuro; Luz, Tinieblas, Duración; Sal, Azufre, Mercurio; Sabiduría, Fuerza, Belleza. Y para Irène

---

[9] *Delta* es el nombre de la letra *d* griega, que tiene forma de triángulo cuando es mayúscula.
[10] Arturo Reghini, *El número sagrado en la tradición pitagórica masónica*, Obelisco, Barcelona, 2018, p. 60.
[11] Jules Boucher, *La symbolique maçonnique*, París, Dervy, 2011, pp 117-118.

Mainguy[12] dicho delta representa, por su lugar central desde el punto de vista cósmico, la totalidad de la manifestación, la esencia y la sustancia, el cielo y la tierra: la tierra es la base del triángulo, el cielo el ángulo superior y la forma de montaña del delta representa la unión entre el cielo y la tierra, situada en el centro del mundo, del que es imagen y que se asimila también al templo masónico.

En cuanto a los tres pilares, según el Rito escocés deben estar en escuadra en los ángulos del pavimento mosaico: el primero, *Sabiduría*, en el ángulo sureste, el segundo, *Fuerza*, en el ángulo suroeste, el tercero, *Belleza*, en el ángulo noroeste. Constituyen la base que sostiene el templo masónico y, por lo tanto, son fundamentales para que en su interior puedan realizarse los trabajos en logia de Aprendiz.

Los tres pilares corresponden a los tres principales oficiales de la logia: la Sabiduría al Venerable Maestro, la Fuerza al Primer Vigilante y la Belleza al Segundo Vigilante. A su vez, cada pilar representa uno de los tres principales órdenes de arquitectura: la Sabiduría del Venerable Maestro se asocia al orden jónico, de carácter esbelto; la Fuerza del Primer Vigilante al orden dórico, de aspecto masivo; la Belleza del Segundo Vigilante, finalmente, al orden corintio, de apariencia grácil. En los rituales más antiguos del REAA[13] estos pilares son designados como candelabros o luces, también llamados estrellas, que deben iluminar los trabajos masónicos.

El símbolo del pilar se asocia en la mayoría de las tradiciones espirituales al eje vertical, vía de comunicación del Principio supremo, que desciende a través de los distintos niveles del universo para iluminarlo y vivificarlo. Que sean tres los pilares, y no cuatro, ha dado lugar a diferentes interpretaciones. Para Boucher, por ejemplo, la disposición de los tres pilares visibles implica la existencia virtual o invisible de un cuarto.[14] Más convincente parece la opinión de Mainguy, para la cual ese cuarto pilar invisible es innecesario, porque dichos pilares sostienen simbólicamente la bóveda de la logia pero reposan sobre un plano celeste y no terrestre: se trata de tres pilares celestes que sostienen el mundo terrestre y no al contrario. Y, por lo tanto, tienen que ser tres –número del Cielo– y no cua-

---

[12] Irène Mainguy, *La symbolique maçonnique du troisième millénaire*, Paris, Dervy, 2006, p. 181.
[13] *L'Ordre des Franc-Maçons trahi*, 1745.
[14] Jules Boucher, op. cit. p. 126.

tro– número de la Tierra–. Considerados desde un punto de vista celeste, su disposición sería la del triángulo equilátero –reflejo, por lo tanto, del Delta luminoso–; considerados desde un punto de vista terrestre, se disponen en escuadra.[15]

Sugestiva es también la asociación que hacen algunos autores de los pilares del templo masónico con los sefirot de la Cábala. Para Boucher, el pilar de la Sabiduría representa la sefirá Jojmá, el pilar de la Fuerza, la sefirá Guevurá y el pilar de la Belleza, la sefirá Jésed.

Jojmá es la segunda sefirá del árbol de la vida cabalístico y puede traducirse del hebreo como sabiduría, con lo que la asociación con el pilar del mismo nombre y el Venerable Maestro parece evidente. Para Eduardo Madirolas,[16] Jojmá representa el padre cósmico, una esfera de energía pura, de luz que emana e irradia al resto de sefirot. Es llamada también Pensamiento y representa la polaridad activa del conocimiento divino, el arquetipo supremo de la existencia del que todas las cosas participan. Acceder a esta sefirá supone superar la mente dualista y discriminatoria y la conciencia personal para instalarse en un estado de existencia primordial en el que no hay sujeto ni objeto, un estado de pura dicha y beatitud llamado Edén superior.

Guevurá es la sefirá quinta del árbol de la vida cabalístico y se ha traducido por fuerza o poder, relacionándose por lo tanto con el pilar del Primer Vigilante. Para Madirolas[17] es la esfera de la discriminación y limitación universales. Es la precisión en la aplicación rigurosa de límites, clave para la generación y uso consciente de la fuerza. Es la justicia estricta que tiende al restablecimiento de todo equilibrio; es concentración, rigor, disciplina, resistencia a lo negativo y capacidad de discernimiento. Se trata de una esfera de lucha, destructiva de los aspectos adversos que se oponen al despliegue de la ley cósmica, de los planes del GADU en términos masónicos.

Jésed, finalmente, es la sefirá cuarta del árbol de la vida cabalístico y se ha traducido por gracia o misericordia, en relación con el pilar de la Belleza y el Segundo Vigilante. Hay que señalar, no obstante, que algunos autores relacionan el pilar de la Belleza con la sefirá Tiféret, que se tradu-

---

[15] Irène Mainguy, op. cit. pp. 175-176.
[16] Eduardo Madirolas, *El camino del árbol de la vida*, I, Barcelona, EDL, 2005, pp. 64 y ss.
[17] Ibid., pp. 54-57.

ce precisamente por belleza. En cualquier caso no tienen por qué ser interpretaciones excluyentes. Jésed es la efusión de la energía divina, expansiva y constructiva, que lleva a las cosas a su plenitud, un acto de donación permanente por parte de la divinidad, que es precisamente una obra de misericordia por la cual todos los seres se colman de amor y bien. En cuanto a Tiféret, es la armonía, la proporción, el equilibrio, el centro del árbol de la vida del que irradia la belleza del ser de las cosas y que es también verdad y bien.[18]

Vemos como la asociación de los tres pilares masónicos con los correspondientes sefirot de la Cábala proporciona una gran riqueza simbólica que dota de profundidad al cometido del Venerable y los Vigilantes en la logia de Aprendiz, en tanto que son capaces de asumir con su práctica ritual las características asociadas a su vinculación con el árbol de la vida cabalístico.

El desplazamiento del Aprendiz Masón, por su parte, se efectúa ritualmente mediante tres pasos iguales y rectos, con los pies en escuadra. En el REAA estos pasos se deslizan a ras de suelo trazando una línea recta y comienzan con el pie izquierdo. Son tres pasos que parten siempre de occidente, entre columnas, y se dirigen a oriente. Es decir, representan la salida de las tinieblas exteriores del mundo profano y el comienzo de la vía iniciática. Cada vez que el pie izquierdo avanza es seguido por el derecho, que forma una escuadra. Estos tres pasos se efectúan al entrar en la logia una vez que los trabajos ya han comenzado. El desplazamiento tiene un ritmo regular y su simbolismo indica el esfuerzo que el Aprendiz tiene que llevar a cabo para avanzar en dirección a la luz. Efectivamente, las dificultades en el camino iniciático muchas veces obligan a detener la marcha y llevar a cabo una parada de reflexión para continuar posteriormente con el desplazamiento, siempre en línea recta.[19] Para J. Boucher que la marcha se inicie con el pie izquierdo y no con el derecho se justifica porque el primero es el del sentimiento y el segundo el de la razón. Así, el sentimiento, la afectividad, que es móvil, proporciona la energía necesaria para iniciar el desplazamiento y la razón, que es estable, rectifica –paso en escuadra– los errores que el pie izquierdo haya podido cometer.[20]

---

[18] Ibid., pp. 46-52 y 57-61
[19] I. Mainguy, op. cit. p.93
[20] J. Boucher, op. cit. pp. 351-354.

La marcha del aprendiz se efectúa sobre el pavimento mosaico, formado por cuadrados blancos y negros que forman un damero. Simbolizan evidentemente el mundo de la manifestación sobre el cual debe desplazarse el Aprendiz para alcanzar su objetivo, un mundo compuesto de elementos aparentemente contrarios, el mundo de la Dualidad, de la luz y las tinieblas –recordemos lo que dijimos al principio del artículo sobre el simbolismo del dos–. Es decir los pasos del Aprendiz –el tres– deben darse en un mundo bipolar –el dos– El simbolismo de este hecho es extraordinariamente importante porque implica que el iniciado debe ir más allá de la Dualidad para retornar a la Unidad, algo que sólo puede conseguir gracias al Ternario. Mediante el conocimiento –la gnosis– el Aprendiz Masón debe aprender a superar la visión dualista del mundo. El profano no puede escapar a la dicotomía del bien y el mal, de la luz y la oscuridad: su mundo está compuesto por opuestos que le arrastran en un desplazamiento errático. Según J. Boucher[21] dicho profano sigue una vía *exotérica*, pasando alternativamente del blanco al negro y del negro al blanco; el iniciado, por el contrario, sigue una vía *esotérica*, pasando *entre* el blanco y el negro, que ya no suponen un obstáculo en su camino hacia la luz (la Unidad).

## IV. Conclusión: ¿La masonería como práctica no dual?

Ir más allá del dos –de la Dualidad– mediante el tres como forma de retorno al uno –a la Unidad– apunta a que la masonería puede ser concebida como una práctica de carácter no-dual. El pensamiento dualista, hegemónico en Occidente desde la Antigüedad, establece la separación tajante entre sujeto y objeto, que constituyen polos irreductibles que el conocimiento racional intenta enlazar infructuosamente. El pensamiento no-dual, por el contrario, afirma que en la realidad no hay separación, que Todo es Uno. Las enseñanzas no-duales han existido desde siempre, aunque ha sido sobre todo en Oriente donde han tenido un amplio desarrollo, constituyendo el fundamento de muchas prácticas espirituales: desde el vedanta advaita –palabra esta última que significa no-dos– hasta el shivaismo de Cachemira, el budismo zen, el dzogchen tibetano, el sufismo o la cábala hebrea. En Occidente el pensamiento no-dual ha tenido

---

[21] Ibid., p. 178.

un carácter heterodoxo, siendo arrinconado por la religión cristiana, de naturaleza dualista, y por el pensamiento filosófico y científico, de base racional. No obstante, también en Occidente hay un pensamiento y unas prácticas no-duales, muchas veces soterradas, que atraviesan toda la civilización desde sus orígenes. El hermetismo greco-egipcio es un ejemplo relevante de ello, como también lo son el orfismo y el pitagorismo e incluso algunas formas no-duales del gnosticismo y del cristianismo (el evangelio gnóstico de Tomás o la obra de Eckhart). La masonería operativa medieval es en muchos sentidos la heredera de esta tradición no-dual que surgió en los orígenes de la cultura occidental y que posteriormente se vio enriquecida por los aportes de muchas otras prácticas y doctrinas espirituales (la alquimia o la cábala de forma destacada). Con la fundación de la masonería moderna en Londres en 1717 se produjo un cambio –de lo *operativo* a lo *especulativo*– que supuso un retroceso en las posibilidades de realización espiritual que la Orden podía proporcionar a los *hombres de deseo* que se acercaban a ella para recibir la iniciación. La recuperación del sentido profundo del simbolismo y de las prácticas contemplativas asociadas debería revitalizar una institución que todavía conserva, al menos virtualmente, un antiguo legado espiritual. La aritmética y la geometría sagradas, que se originan en el pitagorismo, como hemos visto en este artículo, forman parte de ese legado y pueden servir para que el Aprendiz Masón tome conciencia de las posibilidades que le ofrece su pertenencia a la masonería. ♦

Rémi Boyer

# LA
# FRANCMASONERÍA
## COMO VÍA DEL DESPERTAR

Traducción de
ALFONSO MARCUELLO

masonica.es

Josué Bonnín de Góngora es compositor y pianista. Con una amplia trayectoria musical iniciada con su debut en 1992, ha dado recitales y conciertos en múltiples países aparte de España, como Italia, Alemania, Francia, Reino Unido, Estados Unidos, etc. Cuenta también con galardones tanto de España como del extranjero.

En el campo del ensayo literario es autor de obras como *Mozart, Armonía e Infinitud: compases de la Iniciación* (MASONICA, 2017), «Poeta en Nueva York: un gran camino Iniciático», publicado en 2018 en la revista especializada *Licencia Poética* (ARS POETICA, 2018) y *Poeta en Nueva York: teoría y paráfrasis de su construcción musical.* (AKAL, 2019).

Masónicamente es Maestro Escocés de San Andrés y ha trabajado en diferentes logias del RER.

# EL APRENDIZ
## EN LA PERSPECTIVA DEL
# RER

*Josué Bonnín de Góngora*

De todos es conocido que aquel que se sumerge en un mundo nuevo, al instante ya se hace creer a sí mismo que es un experto o un tildado en dicho nuevo mundo y en la Orden –y dada su fundamental componente humanística– suele ocurrir con frecuencia; de ahí que uno de los principales Trabajos que sobre sí mismo ha de hacer el Aprendiz es el de detener y contener su propia inercia existencial.

La esencia vital del Aprendiz es empezar a conocerse a sí mismo y –habiendo dejado el metal del orgullo y vanidad fuera del Templo–, comenzar a reconocerse como recipiendario de unas enseñanzas que le serán indispensables para tallar su *Piedra Bruta* para, posteriormente, hacer uso *obrando y no hablando,* de esas enseñanzas y conducirse e intentar construir, desde dentro, un nuevo mundo. Todo cambio debe empezar siendo intrínseco y no extrínseco (en este punto radica uno de los principales azotes de la Historia de la Humanidad).

La conciencia que de sí y de la Orden se adquiera en los años de aprendizaje será esencial en la vida tanto masónica como profana del Aprendiz; ha de saber que, naciendo todos hijos de Di-s[1] hay que Trabajar para mantener esa dignidad y no perderla: no sólo por el hecho de nacer; haber sido emanado de la divinidad se es ya para la Eternidad digno de él. De ahí el cuadro emblemático y trascendental de «Adhuc Stat» sobre el que volveremos más adelante.

La principal cualidad que debe tener un Aprendiz es la del SILENCIO[2]. Ha de decirse que «callarse» y «guardar silencio» son dos cosas completamente diferentes: callar es una actitud inducida por algo externo a lo que tememos –por diferentes causas– reaccionar.

Guardar silencio es una actitud completamente endógena y es la que prepara al Aprendiz para ser lo que debe ser: un recipiente abierto a la enseñanza a través del Símbolo que la Orden le irá desvelando progresivamente a través de toda su vida masónica. Esta enseñanza ha de ser, necesariamente, *progresiva*: a pesar de que «toda la Luz del mundo cabe dentro de un ojo» (Lorca, «Poeta en Nueva York»)[3], no se puede mirar al Sol directamente sin peligro de ceguera o deslumbramiento o incluso de percibir destellos de sombra donde no los hay.

**El silencio es la antesala de la Sabiduría.**
**El silencio es la antesala del Conocimiento.**

La Orden, que debe hablar con sus acciones, debe reconducir la vida profana del Aprendiz mediante la infusión del Templo en su hálito vital. Para ello, es de crucial importancia que reconozca de forma unívoca y determinada la llama Sagrada que late en el corazón de todo hombre[4].

---

[1] El autor de estas páginas no escribe el nombre de Di-s en su totalidad por creencias íntimas.
[2] De hecho, una de las particularidades del RER es que la Columna de Armonía es el Silencio: no es que no haya, como tantas veces se ha escuchado.
[3] A este respecto sería conveniente recordar el libro *Simbología Masónica de Poeta en Nueva York de Lorca* por Josué Bonnín de Góngora (MASONICA, 2018).
[4] El que aquí escribe no excluye (año 2024 v.l.) a ningún sexo porque no escribe *sexivamente* y su propia cosmogonía vital no concibe el mundo de forma tan simplista como la exclusivamente sexual. Se podría haber escrito «en el corazón de todo hombre y mujer», pero dada la cantidad de géneros que hay actualmente –por lo visto– aparte del masculino y el femenino, otros colectivos podrían sentirse discriminados; por lo tanto en «hombre» se generaliza todo ser con conciencia y Espíritu racionales y siento que se puedan sentir discriminados los perros o cualquier forma bacteriana de vida…además, personalmente, el que aquí escribe –y en aras de la libertad de conciencia y expresión–

Para ello el Aprendiz debe reflexionar sobre el versículo que rodea y custodia el Triángulo luminoso del muro de Oriente: «**et tenebrae eam non comprehenderunt**».

## *Et lux in tenebris lucet et tenebrae eam non comprehenderunt*

Es esencial para el Aprendiz meditar sobre este versículo del Evangelio de San Juan a lo largo y ancho de toda su vida masónica. Se pueden encontrar diferentes traducciones de este versículo (Jn. 1, 5), pero todas vienen en su esencia a significar que «las tinieblas no comprendieron, no pudieron, no sofocaron…» y es esto lo realmente importante: que la Luz aunque rodeada de inmensas tinieblas *siempre es y está ahí* de forma que, como faro del corazón, puede guiarnos hasta él. Y es con esto con lo que debe convivir el Aprendiz: buscar esa llama, esa Luz en sí mismo y en todos los hombres. Éstos, aunque rodeados de tinieblas, siempre conservarán esa llama que les hace cognoscible y reconocible en el cuerpo crístico[5]. La parábola de la «higuera seca» es un buen ejemplo de paciencia, perseverancia, pero también de lo que ocurre cuando la palabra plantada se seca: hay que cortar y no cansar la tierra. Esto viene a decir que el Aprendiz debe ser perseverante en su búsqueda y no desfallecer; porque el «Bien» –esa llama– requiere *parte activa*: mientras que el «Mal» se reproduce y alimenta a sí mismo de forma espontánea y pasiva; el «Bien» hay que cuidarlo, buscarlo, alimentarlo de forma activa (este es el significado último de la representación de Miguel Ángel del Génesis: el Hombre caído –en actitud displicente– sólo ha de estirar un dedo para estar en contacto con el de su Creador, –que lo busca de forma activa– pero, en su orgullosa y

---

considera el lenguaje «inclusivo» de terrorismo lingüístico. Además, muchas veces la forma de inclusión es la separación porque podría ser que de incluirlo todo resultara una mezcla informe, deforme y no definida con la consecuente pérdida de identidad y de conciencia y aún más, de la distinción entre el «Bien y el Mal» … ¿les suena de algo? (año 2024 v.l.).

[5] He aquí un problema fundamental: el Bien y el Mal. Me permito hacer referencia a la parábola de la higuera seca (Lc. 13, 6-9): «Les dijo esta parábola: un hombre tenía plantada una higuera en su viña, y fue a buscar fruto en ella y no lo encontró. Dijo entonces al viñador: 'Ya hace tres años que vengo a buscar fruto en esa higuera, y no lo encuentro; córtala: ¿para qué va a cansar la tierra?'. Pero él respondió: 'Señor, déjala por este año todavía y mientras tanto cavaré a su alrededor y echaré abono, por si da fruto en adelante; y si no da, la cortas».

soberbia actitud no hace ese pequeño gesto que lo mantendría en contacto con su Supremo Hacedor); es el propio camino, la meta.

El Mandil debe indicar al Aprendiz esa búsqueda activa del Bien, sede de la Verdad y la Belleza, actuando según la pureza del color que lo adorna (blanco) y manteniendo la Virtud como eje referencial: la babeta apuntando a su corazón como símbolo de las malas pasiones que constantemente atacan el corazón del hombre.

Entre esas virtudes que el Aprendiz ha de ser constante –ya para toda su vida masónica– son la Justicia y la Clemencia.

Obsérvese que la palabra «Justicia» está en el Occidente de la Logia, mientras que la palabra «Clemencia» se encuentra en el Oriente. El Aprendiz debe meditar profundamente sobre cómo están dispuestos los diferentes elementos que constituyen el Templo.

Así, la Justicia, que es algo perteneciente –sin la Clemencia– de forma tangencial a la conciencia o regulación de dinámica social junto con conceptos como equidad (a veces se puede confundir Justicia con equidad o incluso simetría) o recursos jurídicos; es algo propio de la conciencia terrenal del Hombre. Para que sea Justicia con mayúsculas debe ir de la mano de la Clemencia. No puede existir una verdadera Justicia sin la Clemencia, es por ello por lo que están en el Templo en posición diametral ambas palabras y en sus respectivos lugares y significados. Obsérvese que el suelo ajedrezado que recorre la Logia es símbolo de que todos los Hermanos caminamos entre luces y sombras (cuadros blancos y negros respectivamente) a lo largo de nuestra existencia, mas, alzando la vista al firmamento estrellado de la Logia y hacia la Clemencia que proviene del Oriente procuraremos ayudados por los rayos del Triángulo resolver mejor en nosotros mismos y así, en los demás.

Hay que actuar sobre el mundo profano como se posa la Luz sobre los objetos: sin violencias y con discreta calidez.

Sólo con la Sabiduría progresiva que la Orden va desvelando el Aprendiz conquistará la Libertad rompiendo las cadenas que le atan a sí mismo. No son éstas otras que las cadenas del vicio y la corrupción; que el Aprendiz debe –tallando y desbastando la Piedra Bruta– conseguir identificar y perseverantemente aniquilar hasta el extremo que pueda: así y sólo así el Aprendiz empezará a disolver las tinieblas que no entienden la llama de su re-nacimiento.

Otro precioso y casi poético simbolismo en el Oriente son los astros que lo dignifican: el Sol y la Luna. Es el Aprendiz un Hermano que debe empezar a reflejar en su vida profana y masónica la Luz que le proviene del Oriente: el Sol; al igual que lo hace la luna con el astro Rey[6].

Toda infusión, toda enseñanza que el Aprendiz albergue en su seno debe ser trasladada a todos los ámbitos de su vida, de otro modo, toda la instrucción moral, toda enseñanza ética y toda reminiscencia trascendente quedaría entre las paredes del Templo, no cumpliendo así su verdadero objetivo: transformar este mundo a mejor desde abajo y dentro cada uno de nuestras posibilidades.

## Adhuc Stat

El cuadro que se presenta en esta figura representa el paradigma del Aprendiz. Estudiémoslo. En primer lugar, observemos el valor simbólico de la «Columna». Las columnas tienen, al menos dos funciones: una sujetar y la otra –y más importante– conectar.

La columna, pues, tiene funciones estructurales. Pero escudriñemos con atención[7] la figura adjunta de la izquierda: las partes que componen la columna son: basa, fuste y capitel. La basa, fundamento que se le presupone ya al Aprendiz desde su Iniciación, no es nuestro caso. El fuste podría ser la trayectoria «teológica» –por decirlo de alguna manera–; pero la parte esencial, crucial, que nos ocupa es lo que ocurre con el capitel. Observemos que el capitel está destruido: la simbología de esto es clara. Capitel, etimológicamente proviene de «*caput, capitis*» que significa «cabeza». Y he aquí que el Aprendiz ha de tener conciencia de su falta de conexión con lo Alto. Esta columna truncada es el símbolo de la «Caída

---

[6] Al que aquí escribe le parece sumamente poética la imagen de este simbolismo, así, el Príncipe de Nuestras Letras concibe esta maravillosa imagen: «acabó de cerrar la noche, pero con tanta claridad de la luna, que podía competir con el que se la prestaba...» (capítulo III, parte I de D. Quijote de la Mancha).
[7] La figura aquí presentada no es la exacta a la que se muestra en el Ritual de Aprendiz del RER ni en el Templo; para guardar la debida discreción y salvaguardar de los profanos los Símbolos que deben estar velados y no ser víctimas de la simple curiosidad. No obstante, es una buena aproximación.

del Hombre» y en el estado en que se halla[8]. De hecho, el Aprendiz ha de ser líricamente consciente de esta «desconexión» y ha de tener conciencia hasta el fin de sus días de que debe Trabajar para volver a esa conexión, a esa regeneración que supone el «regreso» a la Casa del Padre, ese «no lugar» donde no existen ni el espacio ni el tiempo[9].

Es ésta una cuestión íntimamente ligada a la desafección por lo material y volver su ser con toda su energía a su verdadero conocimiento y reconocimiento: el mundo del Espíritu[10].

Ha de estar impreso en el Aprendiz el valor Teológico del desierto: este y no otro es lo que se trata de infundir en la Cámara de Reflexión en su Iniciación. El Aprendiz **debe** meditar profundamente sobre cada hecho –por pequeño que le pueda parecer– de su Iniciación. Sólo en el futuro ocurre la comprensión y entendimiento de los sucesos vitales. Para ello, debe buscar en sí mismo de forma consciente para hacer aflorar su inconsciente: hacer sonar la «campana»; si no se tira de la cuerda abajo, la campana no suena arriba.

Al valor del silencio y de la soledad se refiere explícitamente el Ritual de Grado: «en esta soledad aparente no creáis estar solo»; en este contexto la palabra «aparente» es crucial: ¿por qué es aparente? Porque está acompañado de Di-s, ese Santo Grial que habita en su corazón y que ha de des-

---

[8] Diríase *Grosso modo* que es éste el estado actual de la Humanidad en su conjunto y que sirva esto como crítica constructiva. El Hombre no está hecho para vivir en la finitud, pues el cuerpo sería la primera fosa de su esqueleto. El Hombre está hecho para buscar el Infinito en el Infinito y no en donde merced a esa progresiva desconexión del mundo del Espíritu lo está buscando: en las sucesivas idiocias de la vanidad facilitada por las «redes sociales» o en ridículas acrobacias de pseudo originalidades como reivindicación del «yo» (metales) o escapatoria de una vida exclusivamente material que les martiriza y somete; con la absoluta falta de Libertad y Criterio que eso conlleva. En definitiva, el Hombre no está hecho para vivir permanentemente en el Estado de «Adhuc Stat» o de desconexión con lo Alto. Ha de ser consciente plenamente de su estado de «prevaricación» y tratar de «regenerarse» para el regreso a la casa del Padre,

[9] He preferido usar la negación de tiempo y de espacio en lugar de «espacio-tiempo» tan comúnmente escrito por ser éste un concepto de la Teoría General de la Relatividad que no viene al caso y que tan frecuentemente es mal usado por legos en las ciencias físicas.

[10] El mundo siempre ha vivido una gran crisis espiritual, no es nuevo. No obstante, merced a las nuevas tecnologías y el advenimiento de la inteligencia artificial el Hombre está viviendo su segunda caída: la de la infinita soberbia y así creerse un ser infinito, cuando lo que está realmente ocurriendo es que el Hombre ha abandonado su ser tricótomo para convertirse en ser dicótomo: vivir de espaldas al alfa-omega sólo construye viviendas materiales donde no puede morar el Espíritu. Las graves consecuencias sociales y de todo tipo, las vemos a diario.

cubrir en su personal e intransferible viaje «VITRIOL»[11] (*Visita Interiora Terrae Rectificando Occultum Lapidem:* visita el interior de la tierra y rectificando encontrarás la piedra oculta). Al valor de esta aparente soledad hay que añadir el del silencio; pues si la palabra vale uno, el silencio vale dos y debe ser uno de los principales preceptos del Aprendiz. Por estas vías debe buscar el Aprendiz la primera entrada a su alma, que es maravilla perpetua. Para ello, ha de estar preparado para el sufrimiento[12].

El mundo de hoy (2024 V.L.[13]) ha caído en el desencanto del hedonismo puro, de lo inmediato, de lo fácil y es justo lo contrario de lo que debe infundirse el Aprendiz: en la vida profana debe intentar prolongar los valores espirituales de los que se hace recipiendario en Logia; si no, el Templo sería tan sólo un gimnasio espiritualmente endogámico sin ninguna suerte de consecuencia para el mundo. No obstante dicho esto, ha de reconocer los contornos de su libertad lo mismo que reconoce sus contornos corpóreos y no extralimitarse en la sobreinterpretación del símbolo, ni «reconocer» símbolos por doquier o divulgar especulativamente –revestido de vanidad– las enseñanzas del Templo. Hay que saber ser Aprendiz. Una de las principales adversidades a la que habrá de sobreponerse es a la curiosidad que su rango de Masón induce en la profanidad; esto es, debe vencer su vanidad, que es ya como intentar acallar su propio ego. Ha de estar su mirada escudriñando «más Alto», pues se trata, en definitiva y simbólicamente hablando, de despojarse de su túnica de piel y cubrirse de Luz que es la vestimenta del Espíritu.

---

[11] Sólo se entienden y comprenden ciertas experiencias desde su propio ámbito empírico. Por mucho que intelectivamente se le explique a alguien una Iniciación, un enamoramiento o un nacimiento; sólo lo entenderá y lo comprenderá cuando lo *viva*. De ahí que no tenga relativa mucha importancia el hecho de que se hagan públicos rituales masónicos. Hay cosas que sólo son transmisibles, pero no enseñables: la Fe es una de ellas. Puede uno imbuirse de la *Summa Teologicae* toda su existencia que nada añadirá a su Fe: si se tiene no es sumable y si no se tiene no se le sumará. Si la Fe o el Ritual fueran transmisibles de modo científico iría absolutamente en contra de la libertad del individuo o de llevar a cabo cualquier gran empresa.

[12] Evidentemente, no se trata de un sufrimiento buscado ni intencionado. Se trata del sufrimiento que a toda perseverancia acompaña a la hora de escalarse a sí mismo.

[13] De La Verdadera Luz: la cronología del RER es diferente a otros Ritos; pues esta cuenta el Nacimiento de Jesús como año cero, y no sumándole 4000 años como en la mayoritaria cronología masónica.

El valor simbólico de la Columna es crucial, así «conecta» la esclavitud del Pueblo Elegido[14] –que simbólicamente significa la esclavitud en la materia y posteriormente proyectada y condenada en el becerro de oro– con su Di.s mediante el desierto –simbólicamente la Cámara de Reflexión–; así se observa en Éxodo 13:21: «YHVH[15] iba al frente de ellos, de día en columna de nube para guiarlos por el camino, y de noche en columna de fuego para alumbrarlos, de modo que pudiesen marchar de día y de noche.»

El plano simbólico del Éxodo es claro más allá de referencias históricas u orográficas: un hecho religioso no ha de ser forzosamente un hecho «real»; pues mantiene su realidad dentro de su propia doctrina. El Aprendiz ha de saber ser maestro de sí mismo –con cautela– dentro del plano simbólico del Ritual del RER y su guía, que no es otra que el texto Sagrado.

## La Columna conecta lo de «abajo» con lo de «arriba».

Este es el pensamiento que ha de imprimirse el Aprendiz como tatuaje en el alma. Otra referencia importante que debe conocer el Aprendiz es la que aparece en Reyes I 7:21: «Erigió las columnas ante el Ulam del Hekal; erigió la columna de la derecha y la llamó Jakim, erigió la columna de la izquierda y la llamó Boaz».

Ha de conocerla por cuanto todo Masón del RER debe reconstruir en sí mismo místicamente el Templo de Salomón…

Es muy importante que el Aprendiz sea consciente de su Orientación dentro de la Logia y sus significados.

Obsérvese que el Aprendiz –y el resto de Hermanos– entran desde Occidente buscando el Oriente –su orientación, la Palabra debe estar en el Altar del Venerable Maestro– dejando la columna de Jakim a la izquierda y cuando se sale de la Logia se deja a la derecha.

Es decir, de la «profanidad» a lo «Sacro» se entra como Aprendiz y circulando en sentido dextrógiro para salir de nuevo al mundo profano dejando la columna de Jakim a la izquierda; justo en sentido contrario al en-

---

14 El Pueblo de Israel. Hay que hacer una distinción clara y distinta –en términos socráticos hablando– entre israelí e israelita. El primero aduce a una mera nacionalidad, a un Estado y el segundo se refiere a términos más profundos que salen del propósito de este apunte.
15 Transliteración del Hebreo del nombre de Di-s.

trar. Significado: todas las afecciones materiales se dejan en su columna para ser recibido por el Oriente y dejando a la derecha la columna de un grado «teológico» más elevado: ya ha recibido las enseñanzas que debe trasladar al mundo profano; pues la «derecha» tiene un valor teológico más elevado que la «izquierda[16]»; así Nuestro Señor se sentó a la diestra de Di-s Padre y de los dos ladrones que –de acuerdo con la tradición– acompañaron a Jesús en su agonía, Dimas y Gestas; el primero –el buen ladrón, que reconocía a Jesús como Hombre Bueno– estaba a su derecha y el segundo –el mal ladrón, que se mofaba de ËL– estaba a su izquierda.

Se entra Aprendiz y se sale con un poco más de «Grado», como recipiendario que es y preparado para trasladar las enseñanzas al mundo profano.

Al igual que el resto de Hermanos que NUNCA deben olvidar que llegar al Grado de Maestro supone reconocerse Aprendiz eterno.

## De los caminos del iniciando al caminar del Aprendiz

Nunca de abundará suficiente en el tema de la traslación de lo infundido en el Templo a la profanidad: ésta es la esencia de la Orden y, en general de cualquier cuerpo doctrinal o religión[17]. Debe albergar en el seno más íntimo de su Ser el Aprendiz que:

> El hombre es la imagen inmortal de Di.s, pero ¿quién podrá reconocerla, si el mismo la desfigura?

Es crucial esto para entender y comprender que el estado actual del Hombre es de «privación» merced a la primera caída; así se dice en Génesis 1:26:

> Hagamos al ser humano a nuestra imagen, como semejanza nuestra, (…)
> Creó, pues, Di-s al ser humano a imagen suya, a imagen de Di-s le creó macho y hembra los creó.

Obsérvese «Hagamos», plural de majestad y plenitud. «Hombre» está –obviamente– tomado aquí en sentido colectivo, la Humanidad.

---

[16] Evidentemente no tiene absolutamente nada que ver con ninguna actitud política.
[17] No quiere decir esto que la enseñanza de la Orden en el RER sea una religión o un cuerpo doctrinal, porque obviamente no lo es. El cuerpo del RER es exclusivamente crístico.

«A nuestra imagen…»: Semejanza e imagen no son palabras sinónimas. Imagen es la representación de algo. Semejanza es una oposición que indica la proporción entre ambas excluyendo la paridad. Esta semejanza aproxima al Hombre a Di-s y le coloca por encima de los demás seres. Ésta, sin duda radica en las facultades espirituales del Hombre[18]; y es aquí dónde debe buscarse el Aprendiz y a través del Evangelio, columna fundamental y objeto de constante estudio y meditación en el RER.

Las coordenadas del Aprendiz respecto de la religión **cristiana** han de ser claras y distintas –en términos cartesianos– y sin mácula de duda. Así debe llevar a la práctica de su vida impresa en sí la segunda máxima:

> Aquel que se avergüenza de la religión, de la virtud y de sus Hermanos, es indigno de la estima y de la amistad de los Masones.

Con más motivo en el RER, pues la columna de fuego de éste es el Evangelio, base y fundamento de las meditaciones de los Hermanos. Quien niega la religión no está conectado con nada trascendente y así, rebotará una y otra vez en su penosa finitud, con todas las consecuencias vitales que ello conlleva. El Aprendiz debe evitar a toda costa este devenir vital, sin duda, contra la inercia del mundo.

La virtud y la benevolencia constituyen dos grandes exigencias para el Aprendiz:

> El Masón que no abre su corazón ante las necesidades y desgracias de los otros hombres es un monstruo dentro de la sociedad de los Hermanos.

Es prácticamente un imperativo moral del Aprendiz, como Masón, hacerse cargo que el que sufre tiene derechos Sagrados y vinculantes sobre él, como establece la Regla Masónica; que debe ser su fiel acompañante todos los días de su existencia: por Amor a Cristo y por lealtad para consigo mismo y con los preceptos que ha decidido, por voluntad propia, cargar en juramento.

---

[18] Esta observación es crucial por el devenir del mundo de hoy: la desconexión global con lo Alto ya parece no reconocer esta superioridad espiritual del Hombre frente a otras criaturas vivientes; así vemos como en el mundo de hoy (2024 V.L.), gatos, perros y toda suerte de mascotas son elevadas a la categoría de «bebés» o incluso «hijos» por parte de sus dueños. Sin duda esta superioridad espiritual –por lo menos hasta ahora– se ha visto reflejada en el Arte: no conozco mascota o animal que haya producido la Misa Solemnis de Beethoven, por ejemplo.

Así, en 2 Corintios 12:10: «Por eso me complazco en mis flaquezas, en las injurias, en las necesidades, en las persecuciones y angustias sufridas por Cristo; pues cuando estoy débil, entonces es cuando soy fuerte».

Sólo cuando se es fuerte en la debilidad podremos entender las necesidades del prójimo por proximidad que es, precisamente, lo que significa «prójimo». Y sólo con esta Fe podrá el Aprendiz de estar en condiciones de tender esa mano. No obstante lo dicho en torno al prójimo, encierra esa cita bíblica un significado muy próximo a la actitud que debe mantener ante las inevitables adversidades de la vida, cito:

– El hombre que busca ha sufrido la prueba de la espada; ha reconocido que era justa, y no ha vacilado en someterse a ella.

– Pues que no murmure jamás cuando pruebe los reveses.

Hete aquí una de las fortalezas del Aprendiz: reconocer su debilidad y aceptarla porque tal y como se dice en Génesis 27:40: «De tu espada vivirás y a tu hermano servirás.»

No sólo es la punta de la espada en el corazón la que debe hacer recto el camino: la babeta del mandil –levantada– apunta igualmente a su corazón para recordar el sometimiento de sus pasiones. Hasta que esto en mayor o menor medida no ocurra, la pureza del color blanco inmaculado de su mandil no estará completa.

Se han analizado las tres máximas que son las columnas guías del Aprendiz a lo largo y ancho de su vida masónica, donde hemos podido observar las continuas referencias al Libro Sagrado: tómese buena nota que es esta la Verdadera guía del Masón del RER.

Vamos a analizar dentro del radio de acción de este escrito el cuadro de Logia del Grado de Aprendiz en el RER.

## Elementos simbólicos del cuadro de logia en grado de Aprendiz del RER

Lo primero en lo que hay que insistir es en el concepto de que aun descritos de forma más o menos hábil los elementos que componen el Cuadro de Logia en el Grado de Aprendiz, el conocimiento meramente intelectual de los mismos no supone gran cosa si no se experimentan, y esto sólo ocurre *viviendo* el Ritual dentro de la Logia. No obstante, trataremos de un acercamiento formal a los mismos.

Lo primero que hay que tener en cuenta es, como se ha dicho, la Orientación del Templo. Todos los Hermanos entran por el Occidente (Oeste) para buscar el Oriente (Este), es decir, Orientarse[19].

La Orientación Este-Oeste de los Templos tiene su origen en el Culto Solar. Y es esto de CRUCIAL importancia en el RER por cuanto se va a explicar a continuación.

En el sitial de Oriente la Luz procede del Evangelio de San Juan, más concretamente, Juan 1:1: «En el Principio existía la Palabra y la Palabra estaba con Di-s, y la Palabra era Di-s»; es decir la Palabra entra desde Oriente, como la Luz al amanecer entraba por el Este e iluminaba el «*DVIR*» o Santuario del Templo de Salomón y he aquí la gran profundidad del versículo del Evangelio de San Juan: «Dvir» cuya raíz Hebrea es «DVR» que significa Palabra:

$$\text{ר - ב - ד}$$

La Luz es la Palabra y la Palabra es Di-s.

El acceso por el Occidente (Oeste) simboliza la marcha hacia la Luz.

En el caso del Aprendiz deja la columna «J» y la Piedra Bruta a su izquierda para circular en sentido dextrógiro en el Templo en dirección al Oriente y a la Piedra Cúbica: es decir, del caminar desde su Piedra sin desbastar pasando por el Oriente se llega a la Piedra Cúbica, la significación es clara: la herramienta que desbasta la Piedra Bruta es el Altar de Oriente, esto es, el texto Sagrado en su última concepción. Como se ha observado la Piedra Bruta, situada a la derecha del pórtico tiene más alto valor teológico, como se ha explicado.

Antes de alcanzar el Templo, se observa el teorema de Pitágoras representando que no sólo las partes emocional o cardíaca son las que llevan a buen término el Trabajo sobre la Piedra Bruta sino también la parte racional y mesurada en las acciones tanto masónicas como, sobre todo, profanas; pues el Aprendiz Masón debe llevar en sí el sello de la Orden a la que pertenece de forma viva.

Los peldaños que en número de «siete» conducen al pórtico simbolizan la ascesis gradual heredera de la Tradición Primordial tal y como sucede

---

[19] Esta Orientación era distinta en el Templo de Salomón que tenía su acceso principal orientado hacia el Este.

también en las religiones positivistas y provistas de cuerpo doctrinal: en ellas los altares y los templos aparecen frecuentemente sobre escalonados con toda su significación simbólica.

Veamos con un poco más de profundidad el simbolismo de las Columnas. En 2 Crónicas 3:17 se encuentra: «Erigió las columnas delante del Hekal, una a la derecha y otra a la izquierda, y llamó a la de la derecha Jakim y a la de la izquierda Boaz»[20]. Desde el punto de vista del simbolismo Hebreo, las Columnas de Hiram representan el «aliento divino» que fue guía del Pueblo de Israel en su Éxodo a través del desierto; así «Jakim» implica la idea de **establecerse** y «Boaz» **fuertemente**.

Desde el punto de vista masónico «J» y «B» representan los dos polos, cuya acción conjunta produce la Vida, pues son elementos complementarios, generadores y nunca antagónicos[21]. Así, la letra «Yod» en hebreo es masculino y «Bet» femenino, cuyo significado último es el de casa, hueco, dar cobijo. Las Columnas se sitúan en el interior del Templo masónico y no en el atrio o parte exterior como estaban en el Templo de Salomón.

En el centro de las Logias, se encuentra un suelo ajedrezado, de gran importancia simbólica: éste simboliza la Fraternidad Universal por encima de las diferencias y diversidades[22] que existen en el Hombre más allá de sus peculiaridades individuales y por ello se forma en torno a él un Cadena de Unión que es reflejo del fin del Ritual.

La Escuadra y el Compás masónicos simbolizan lo terrenal y lo celeste; lo que le es dado a los sentidos corporales y a los sentidos del espíritu, respectivamente.

La Escuadra masónica simboliza la acción sobre la materia: el ángulo que permite cuadrar la unión de la vertical con lo horizontal es lo que hace que represente simbólicamente lo terreno. Obsérvese que la unión de dos escuadras simboliza las cuatro partes del mundo, los cuatro puntos cardinales.

El Compás traza la circunferencia, espacio geométrico simple: apoyado en un centro es el origen de nuestras acciones y su apertura el radio de

---

[20] En el RER, como se ha visto y explicado, el orden de las Columnas es distinto a los otros Ritos masónicos.

[21] El hacer estos elementos generadores antagónicos está produciendo (mundo actual, 2024) una nueva Torre de Babel; quizá para destruir el mundo espiritual, fundamento del control de la natalidad.

[22] Se podría decir, de un modo muy general que «todos somos iguales pero diversos».

acción de las mismas. Escuadra y Compás se identifican cuando éste es abierto hasta el ángulo recto significando el equilibrio entre materialidad y espiritualidad.

Un poco análogamente a la Escuadra y el Compás hallamos el significado de la Plomada y el Nivel: la primera es el conocimiento desde lo Alto hasta el mundo terreno en una infinita vertical, fundamento de la masonería del RER: conocerse a sí mismo reconociendo el Santo Grial que habita en cada uno de los Hermanos. La segunda –el Nivel– que combina la Vertical con la Horizontal relaciona el mundo Celeste con el mundo físico o terrenal.

Los Hermanos Aprendices ocupan su lugar en la Logia en el muro del Norte, simbolizando con ello el distanciamiento de la Luz solar y siendo recipiendarios de la Luz que proviene del muro Sur, que es donde se sitúan los Hermanos Compañeros y Maestros: así como la Luna refleja la Luz solar, así el Aprendiz refleja –aunque tenuemente– el Verbo nacido del Astro Rey; a través de su circulación en la Logia, el Aprendiz recorriendo el Altar de Oriente va infundiéndose de la Luz, de una aún tenue llama que deberá iluminar en el mundo profano.

El significado de la letra «G» ha de buscarlo el Hermano Aprendiz en su interior. No obstante todo lo dicho, y a pesar de «haber explicado» muy someramente el significado de los símbolos; esto no tiene ningún valor si no son vividos.

Y la forma de vivirlos es personal e intransferible, pues si no es así se atentaría contra la Libertad del Hermano, algo impensable en la misma base fundacional de la Orden. Tan sólo en el RER hay una pequeña «retricción»: como se ha visto a lo largo de este apunte la base de la meditación es el texto Sagrado; pues el cuerpo fundacional del RER es el cuerpo de Cristo, es decir, es **Masonería Cristiana**, quedando absolutamente excluido cualquier otro cuerpo doctrinal.

Debe guardarse mucho el Aprendiz de que la llama no sea transportada por el candil de la vanidad: apenas ha iniciado su Vida masónica y la comprensión de su Iniciación –como de todas las cosas– es algo que ocurre en el futuro.

Debe ser el Aprendiz ya Columna de sí mismo, pues en su sangre –que es la sede del alma– está ya infundiéndose –como una fina lluvia– los más altos preceptos de lo Sagrado.

No olvide jamás el Aprendiz que no es el constructo teórico lo que importa, sino «lo vivo» que se ha despertado en él después de su renacimiento y hacia su regeneración mística.

No olvide jamás el Aprendiz la Luz recibida bajo el Verbo «SIT TRANSIT GLORIA MUNDI».

JOSUE BONNÍN DE GÓNGORA

# MOZART, ARMONÍA E INFINITUD

Compases de la Iniciación

masonica.es

Incluye CD

David Suárez Dorta (Tenerife, 1971). Investigador y escritor. Formado como Diseñador Gráfico y Gestor Cultural. Ha trabajado en radio y prensa, así como educador y diseñador gráfico en varias empresas. Por otro lado, siempre ha sentido gran atracción por el mundo de la meditación, el simbolismo, el esoterismo y las sociedades secretas.

Actualmente es director de la revista *Cultura Masónica*, además dirige y presenta el programa de podcast *Biblioteca oculta*. Es autor de la conocida obra *Rosacruces, historia y personajes* (2019, Ed. Almuzara). También del libro *Misterios y mitos del pasado* (Ed. Delfos), donde recoge diversas visiones mitológicas y esotéricas sobre el origen del universo y el ser humano. En su trabajo *Historia del esoterismo en España* (Ed. Almuzara), hace un exhaustivo repaso por la presencia de agrupaciones iniciáticas y disciplinas herméticas en este país, desde la Antigüedad hasta nuestros días.

# CONSCIENCIA Y AUTOCONOCIMIENTO

*David Suárez Dorta*

Un tema habitual en las tradiciones espirituales de carácter profundo, como las esotéricas, es el del autoconocimiento. En ese sentido, la masonería no es ajena a ello, al menos nominalmente, y deposita en el primer grado de Aprendiz lo referente a tal tema. En primera instancia, a cualquiera el término autoconocimiento le lleva a entender que se refiere a conocernos a nosotros mismos. El problema estriba en que para todos tal idea no consiste en lo mismo, en el sentido de que el concepto de lo que somos como humanos no es igual, y, por lo tanto, lo que hay que conocer.

Por ejemplo, para un biólogo, resulta que conocerse podría interpretarse con tener una comprensión cabal de nuestro cuerpo, sus funciones, órganos, sistemas... Pero claro, se trata de observar lo que nos hace humanos, y precisamente lo que interesa es saber sobre esa misma capacidad de conocer. En ese sentido, para un partidario de la psicología científica, en especial de corte cognitivo-conductual, esto no pasa de saber la frecuencia de sus conductas, hábitos personales y pensamientos habituales, lo cual se lograría a través de ciertos test específicamente diseñados para ver el rasgo de nuestra personalidad de acuerdo a los tipos que desde esta tendencia se han establecido. Si fuera un psicoanalista, pensaría en comprender los desconocidos procesos de su mente subconsciente que condicionan la vida consciente. Otra perspectiva la plantearían los de tipo humanista, e incidirían en que nos podemos conocer también por aquello que logramos realizar más allá de lo acostumbrado, y así podríamos seguir con otras facetas a tenor de cada paradigma de las ciencias de la mente.

En el ámbito espiritual encontramos otros planteamientos, que pueden coincidir en ciertos aspectos con los de las psicologías académicas, pero que poseen su propia visión del tema. Aunque, igualmente, cada tradición tiene su particular perspectiva del asunto. Y no solo difieren en cuanto a lo que se puede llegar a conocer, sino para qué realizan tal autoconocimiento. En otras palabras, que el conocerse a sí mismo está en relación con ciertos objetivos en cuanto a metas a las que hay que llegar, las cuales son en sí mismas el fin último de cada uno de tales sistemas espirituales.

Otro tema que no se puede obviar, es el curioso hecho de que el ser humano quiera conocerse a sí mismo, o sea, el conocedor pretende a su vez conocer lo que conoce. La consciencia, el elemento que nos permite conocer, quiere conocerse a sí misma. Ante esto surge la pregunta de ¿es esto posible?, ¿puede el objeto que observa verse a sí mismo? Por ejemplo, ¿puede un microscopio, instrumento de observación, observarse a sí mismo? Es evidente que en el caso de esa herramienta técnica no es posible, mas, repetimos, el problema radica en que el instrumento para conocernos es a la vez lo que queremos conocer.

Con estas dudas y contradicciones, vamos a profundizar en este ámbito, empezando por ver qué es la consciencia, nuestra herramienta habitual de observación.

## ¿Qué es la consciencia?

En cuanto al término, en ocasiones vemos que *conciencia* y *consciencia* son usados indistintamente. Si nos acercamos al diccionario de la Real Academia Española, vemos que al vocablo conciencia le adjudica los significados de: «Conocimiento del bien y del mal que permite a la persona enjuiciar moralmente la realidad y los actos, especialmente los propios; Sentido moral o ético propios de una persona».

Con lo que en general, este término se refiere a la percepción personal del bien y del mal, la moral y la ética y el conocimiento del medio. No obstante, también tiene otra acepción, la de consciencia, a la cual da como significado concreto: «Conocimiento inmediato o espontáneo que el sujeto tiene de sí mismo, de sus actos y reflexiones; Capacidad de algunos seres vivos de reconocer la realidad circundante y de relacionarse con ella; Conocimiento reflexivo de las cosas; Facultad psíquica por la que un sujeto se percibe a sí mismo en el mundo». En este caso, ya sí con la idea de darnos cuenta, la percepción de los estados internos. De tal modo, si usamos el término conciencia, este incluye el de consciencia. Mas, para evitar confusiones, usaremos el que titula este apartado.

A pesar de que hay un significado para esta palabra, no hay un consenso claro sobre qué es la consciencia. En ocasiones se usan sinónimos como mente o intelecto, lo cual causa aparentes semejanzas. No obstante, aquellos que se adentran en lo profundo de sí mismo, pueden ver que mente, intelecto y consciencia, no vienen a ser lo mismo. Mas, lejos de entrar en un debate estéril, lo mejor es poder experimentar la vida interior para lograr tener claro a qué se refiere cada cosa.

Por su lado, el mundo científico no da una explicación clara o concreta sobre esta, y es que, como bien explica Gary Lachman en su ensayo sobre la consciencia, las aproximaciones que el mundo académico ha hecho para saber qué es la consciencia no han dado resultados satisfactorios. Quizá esto se deba, como este autor y otros indican, a que: «en la introspección, observación y análisis de la consciencia intervienen la consciencia que observamos y la que realiza la observación».[1]

En otras palabras, aquello que nos permite conocer, la consciencia, es el objeto de estudio, y ante esto, cabe preguntar de nuevo: ¿lo que conoce puede ser conocido?

De hecho, incluso se ha llegado a pensar que la consciencia no existe, sino que es un constructo que el ser humano ha inventado para poder explicar su existencia. Otros afirman que sí es algo real, pero que es un epifenómeno, o sea, un fenómeno auxiliar, e incluso una consecuencia de la existencia de un sistema nervioso complejo como el humano. Por supuesto, este tipo de ideas no tienen más apoyo que las meras conjeturas de quienes las esgrimen, y eso que estos vienen del mundo académico. Además, parten de la idea mecanicista de que somos seres predecibles, sin libre albedrío ni elección, claro que, ante esto, surge la duda de ¿si no tenemos libre elección, cómo esos individuos tomaron la decisión de afirmar algo así? En otras palabras, si somos seres que actuamos de forma preestablecida por algoritmos cerebrales y nuestra mente luego justifica tales comportamientos como elecciones cuando no lo eran, es difícil entender que las personas hagan esas u otras afirmaciones y actuaciones en

---

[1] LACHMAN, Gary - *Una historia secreta de la consciencia* - Ed. Atalanta.

la vida. Digo yo: a ver cómo se justifica la existencia de la poesía y otras manifestaciones artísticas si en realidad solo somos objetos que se creen sujetos. Por supuesto, nada de eso tiene la más mínima justificación real, aunque, como decimos, las hicieran gente del mundo de la ciencia.

Quizá habría que tener en cuenta, según afirmaba el filósofo francés Henri Bergson (1859-1927), que «la dificultad de hablar de la consciencia y sus modos es la dificultad de hablar de nosotros mismos».[2]

Este acertado comentario en cierta manera señala a la habitual tendencia de la ciencia actual de separar al ser humano del fenómeno observado. Es evidente que el investigador no puede dejarse llevar por sus propias conclusiones, ni confundir sus creencias y percepciones personales con lo estudiado. Pero cuando esto se hace con áreas como la consciencia y la mente, parece que no se dan cuenta de que lo que hacen lo llevan a cabo con el objeto de que estudian, y en ocasiones sus conclusiones contradicen lo que su propia capacidad puede llegar a comprender. Es como si un microscopio se observase a sí mismo, y solo quisiera ver que es una placa de petri, a lo sumo la lente al final del objetivo, y no entender que es mucho más que eso. En el caso de la consciencia, es un instrumento aún más complejo.

Por otro lado, cuando se ha intentado abordar desde la filosofía, no se ha caído en afirmación como las anteriores, pero sí en debates que no aportan sino más complejidad a un tema ya de por sí bastante difícil de definir. Incluso, desde ese ámbito, ha surgido la idea de que la realidad no es sino una simulación, y que nuestra consciencia se ve limitada a solo poder percibir aquello que tal realidad artificial permite. Esta es una idea muy en boga hoy en día en la cultura popular, y la obra de escritores como Philip K. Dick (1928-1982) o películas como *Matrix*, han fomentado. A pesar de lo interesante de tal visión de la realidad, esto no responde a las investigaciones llevadas a cabo, ni tampoco a las tradiciones espirituales que sí han ahondado en el estudio de la consciencia. Tal como se afirma: «... el mundo del espacio y el tiempo no es una ilusión sino solamente una percepción limitada, cosa muy distinta».[3]

Esto es algo en que han insistido muchas de tales tradiciones, como el hinduismo y el budismo, que aducen que el problema no recae en una

---

[2] LACHMAN, Gary - *Una historia...* (citando a H. Bergson).
[3] *Ibídem.*

realidad imperfecta, creada por algún demiurgo prevaricador -tal como creían los antiguos gnósticos-, sino en la limitada capacidad consciente del individuo, la cual hay que trabajar para aumentar su lucidez a través de una serie de técnicas que nos llevan al logro de ciertas experiencias de tipo superior o al menos poco frecuentes de consciencia expandida.

De hecho, la consciencia sí que ha sido una constante entre los intereses de muchas tradiciones de Oriente y Occidente, algunas incluso ya desaparecidas, como los cultos mistéricos de la Antigüedad clásica[4]. La idea suele ser la de ser más conscientes, tener una consciencia más plena, incluso llegar a una consciencia englobante y abarcadora que deshace la idea de separabilidad entre seres y objetos, estados y percepciones, lo que en su momento Richard Maurice Bucke (1837-1902) denominó *Consciencia Cósmica*, una experiencia omniabarcante en la que el individuo se funde con todo lo que le rodea, y solo experimenta una gran sensación de presente, pero sin perder la sensación de quien es.

De forma más cotidiana, en ocasiones, cuando se dice que hay que estar consciente de algo, estar despierto, se hace referencia a volverse más atento. Si, por ejemplo, tenemos que calentar la comida, hay que estar atentos, conscientes, para que no se nos queme. Como habitualmente nos cuesta lograrlo, pues ponemos algún artilugio para que suene y no se nos pase de fuego. Esto es así porque lo corriente es no estar atentos, conscientes, sino sumidos en un maremágnum de sensaciones y pensamientos, que se activan por otros pensamientos o por acontecimientos externos. Sin embargo, a lo largo del día llevamos a cabo nuestros quehaceres, con mayor o menor éxito, de forma automática.

## La atención

En ese sentido, darnos cuenta de nuestros pensamientos y de nuestra propia consciencia, es lo que se conoce como metacognición o autoconsciencia. La meditación budista Vipassana va enfocada a estar conscientes de nosotros mismos, normalmente atendiendo a la respiración. Por ejemplo, cuando el meditador en su práctica se da cuenta de que no meditaba, sino que estaba sumido en todo tipo de pensamientos, o en cualquier cosa de fuera de sí mismo, como la persona que tiene delante, la pared, alguna

---

[4] SUÁREZ DORTA, David - *Historia del esoterismo en España* - Ed. Almuzara.

decoración..., vuelve a atender a su respiración, y regresa al estado de consciencia plena. Cuando tal práctica se lleva a cabo de forma diaria durante años, la persona tiene un cierto dominio de sus estados mentales, es más consciente. Eso no significa que se llegue a ser totalmente consciente o que no se distraiga, sino que en su vida cotidiana, en los quehaceres habituales, le es más fácil darse cuenta de que no está atento, así como de volver al estado de atención de forma muy rápida. A esta capacidad de darse cuenta, en el mundo de las ciencias de la mente lo denominan *insight*, con relación a cuando llegamos a la comprensión, aquello que puede ser captado más allá de lo que aparenta.

Por ejemplo, ahora mismo, mientras lee esto, ¿está despierto o soñando? Sabemos que estamos despiertos, porque tenemos la sensación profunda, real y sentida de que eso es así. No es algo vago o tenue, es algo que de lo que no tenemos duda. En realidad, para llegar a esa sensación toman parte una variada actividad de los sentidos, que al cerebro llega con la información de que esto es así.

Como comentamos, en muchas ocasiones, más de las que suponemos, estamos inmersos en nuestros pensamientos y sensaciones, enfrascados en los propios estados internos; en otras situaciones nos encontramos identificados y fascinados con eventos externos. Por ejemplo, cuántas veces no vamos conduciendo y al sonar la bocina de otro coche, tal sonido nos saca de forma súbita de nuestros pensamientos y lleva a la realidad. Lo mismo sucede con el repentino sonar del móvil o cualquier otra cosa similar. Es como si, en esos momentos, no estuviéramos en la realidad, sino en esas cosas a las que atendemos de forma mecánica, sin darnos cuenta. Nuestra atención es absorbida por tales elementos internos (pensamientos, sensaciones, emociones...) o los sucesos y acontecimientos externos. Claro que, cuando eso ocurre, seguimos caminando, conduciendo, escribiendo en el ordenador, o lo que sea que estemos haciendo. En estos casos suelen ser habilidades ya aprendidas y asimiladas, que no necesitan de nuestra atención para realizarse. A eso Gurdjieff (1867-1949), creador del sistema del Cuarto Camino, denominaba *mecanicidad*, y es el estado en el que la mayoría estamos a lo largo de la vida.

El hecho de practicar meditación trae como consecuencia ganar atención y consciencia. Claro que esto sucede si realmente se realiza cada día, o al menos 4 o 5 días a la semana, unos 20 minutos. Aunque esto es lo mínimo, lo óptimo es hacerlo de entre 40-60 minutos. Al realizarlo, con el pasar del tiempo, se pueden observar con más claridad los pensamientos, las emociones y demás estados internos, y además se puede seguir el hilo de dónde nacen estos. Por otro lado, el meditador puede ir profundizando en sí mismo, como el submarinista que desciende en el mar. Añadamos que se mejora la percepción de la realidad externa, pudiendo encontrar detalles y matices en lo que nos rodea que antes pasaban desapercibidos.

No obstante, aparte de la meditación, hay otra forma de encarar el tema, y es la de ir observándonos a lo largo del día, no dejándolo únicamente para esos momentos de tranquilidad, sentados cómodamente, solos o en grupo, con sándalo y con una estatua de Buda o cualquier otra divinidad o símbolo delante de nosotros.

## Autoobservación

Aplicar la observación en nuestra propia vida representa una manera interesante de acometer el autoconocimiento. En este sentido, hay dos propuestas notables. Una es la de J. Krishnamurti (1895-1986), la otra es la de G. I. Gurdjieff. No vamos a entrar en detalles de los sistemas que estos crearon, para ello remitimos a una anterior revista dedicada al tema de la consciencia[5].

En los sistemas indicados, se incide en que no hay que buscar un momento especial de retiro para practicar el autoconocimiento. Al contrario, es en los acontecimientos diarios que el individuo aprovecha para observarse. Pero ¿qué observa? Se trata de darse cuenta de lo que pasa por nuestra mente, los pensamientos que tenemos. No consiste en pensar en los pensamientos. En ocasiones, uno se da cuenta de que no tiene, o le falta, atención. Mas, como indica Krishnamurti: «Ser consciente de la falta de atención es atención»[6]. Y esta es una clave importante, ya que ese es el sentido, darse cuenta, ser consciente, fruto de la autoobservación.

No obstante, como por lo general no nos acordamos de que tenemos que observarnos, pues ahí, en mi opinión personal, el sistema de Gurdjieff es más útil. Quizá, como forma de recordar que tenemos que recordarnos,

[5] SUÁREZ DORTA, David - Psicologías esotéricas. La conciencia bajo cuatro paradigmas espirituales - Revista *Cultura Masónica*, nº 44. Diciembre de 2020.
[6] KRISHNAMURTI, j. - *Relaciones sin conflicto* - Ed. Gaia.

se podrían establecer unos periodos del día en los que hacerlo. Así, el trayecto de casa al trabajo, el paseo diario, cuando se realizan los quehaceres del hogar u otro cualquiera, se pueden establecer como espacios para observarnos. No se trata de abarcar mucho, sino más bien elegir uno, delimitándolo muy claramente.

Por supuesto, hay que ser sinceros en este proceso, no vale el autoengaño. Esto no es fácil, y requiere de un esfuerzo especial, ya que no representa el estado habitual de consciencia, y sí lo es estar sumido en nuestros pensamientos sin que nos demos cuenta de ello.

Por otro lado, están las trampas del ego para evitar observarnos. Por ejemplo, sé que tengo que observarme, pienso en eso, lo difícil que es, los beneficios que tiene, y cuando caigo en la cuenta, no me he observado, tan solo he estado pensando en todo eso y seguramente en mucho más. Pero no importa, en cuanto nos demos cuenta, volvemos a la atención consciente y la mantenemos. Tengamos claro que volveremos a identificarnos con esos u otros pensamientos y emociones, pero en cuanto nos demos cuenta, volvemos al estado de atención; Krishnamurti lo denominaba estar alerta, en estado de percepción. El nombre que le demos es lo de menos, lo importante es hacerlo.

Cuando tal práctica se hace habitual, comienzan a producirse ciertos cambios, sobre todo debido a que vamos comprendiendo cosas de nosotros mismos. Nos damos cuenta de que, en circunstancias concretas, saltan -por usar un término- ciertos pensamientos, los cuales a su vez nos pueden llevar a realizar determinados actos. Además, comenzamos a no ser tan esclavos de nuestras emociones y pensamientos, no caemos tan fácilmente en esa red mecánica de la que hemos hablado.

Es interesante la afirmación de un experto en este trabajo de que: «¡Justo un momento antes de ver la Verdad, visualizaremos durante un tiempo determinado nuestras mentiras, autoengaños y falsedades!»[7]. Y es que la autoobservación nos lleva a la realidad de nosotros mismos, ya no hay autoengaño, autojustificación, ni todo ese repertorio que necesita el ego para argumentar que actuó motivado por aquello o por lo otro, y no por lo que realmente lo hizo.

---

[7] GONZAGUI, J. J. - *Las falacias del buscador* - Ed. Delfos.

## CONSCIENCIA Y AUTOCONOCIMIENTO

Este mismo autor, afirma que: «Conocerse a sí mismo, implica primero conocer lo que no soy, conocer mi esclavitud»[8]. Con lo que empezamos a comprender que lo habitual es que no actuemos bajo una voluntad consciente, tal como creemos, sino por la soberanía de una naturaleza interior de la que no nos percatamos. Esto se refiere a dependencias, creencias, ideas, filosofías... que nos sujetan sin que nos demos cuenta.

También las palabras empiezan a volverse limitadas: «El lenguaje nos propone un mundo que no es "el real"... ¡aunque sea más o menos verdadero! Por eso el lenguaje no es que sea una mentira, sino que simplemente no muestra, porque no puede, lo real sí»[9]. Y es que, a lo largo de la vida, hemos puesto etiquetas a las cosas, pero estas no son las cosas mismas. De ahí que en ciertas tradiciones espirituales se acentúe la vivencia, saborear lo que se experimenta, con plena consciencia. Además, muchas de las cosas vividas en ese estado, o fruto del mismo, no se pueden transmitir con palabras. Tal como afirmaba René Schwaller de Lubicz: «El Esoterismo no puede ser escrito ni dicho ni, en consecuencia, ser traicionado. Hay que estar preparado para *captarlo, verlo, escucharlo* a su elección. Esta preparación no es un *Saber* sino un *Poder* y solo puede adquirirse mediante el esfuerzo de la persona, una lucha contra sus obstáculos y una victoria sobre su naturaleza animal humana»[10]. Este comentario es importante, de cara a comprender que la Tradición Esotérica no consiste en un conjunto de datos que se mantienen de forma secreta hasta ser revelados a un digno alumno, sino que lo que esta tradición hace es poner al individuo en condición de poder experimentar y descubrir todo eso. Y esto se logra a través de una serie de técnicas, y la autoobservación es la piedra angular en la que se apoyan tales prácticas.

En ese sentido, no nos extrañe que el acceso a un proceso iniciático, caso de la masonería, se remarque el concepto de libertad. De forma general, tal idea va enfocada a tomar consciencia de nuestras posibilidades como individuos y ciudadanos, así como de intentar que en la sociedad también tenga presencia tal derecho, y que el conjunto de la ciudadanía pueda disfrutar de dichas posibilidades. Si bien esto no es un problema en sí mismo -la lucha por los derechos y las libertades es algo asumido por la genera-

---

[8] *Ibídem.*
[9] GONZAGUI, J. J. - *El despertar impersonal* - Ed. Delfos.
[10] SCHWALLER DE LUBICZ, R. A. - *Esoterismo y simbolismo* - Ed. Obelisco.

lidad de los masones-, es posible que en su origen el concepto de libertad tuviera más bien que ver con una invitación al autococimiento. Esto es algo que, si alguna vez existió en la masonería, desde luego hoy no tiene lugar. Con suerte, algún taller reivindica esta noción, usando conceptos del budismo, el yoga o el mismo Cuarto Camino, pero eso es fruto de ese grupo en particular, quizá debido a que algunos de sus miembros están involucrados en senderos de este tipo. Aunque es cierto que hay líneas masónicas marginales que han incorporado esta actividad de la autoobservación como enseñanza práctica.

En cualquier caso, lo destacable es que, para masones y profanos, el autoconocimiento es un camino que nos lleva a ir ganando libertad, y que la consciencia es una herramienta más que útil en la vida diaria. ⚒

BIBLIOGRAFÍA

GONZAGUI, J. J. - *El despertar impersonal* - Ed. Delfos.
–*Las falacias del buscador* - Ed. Delfos.
KRISHNAMURTI, J. - *Relaciones sin conflicto* - Ed. Gaia.
LACHMAN, Gary - *Una historia secreta de la consciencia* - Ed. Atalanta.
SCHWALLER DE LUBICZ, R. A. - *Esoterismo y simbolismo* - Ed. Obelisco.
SUÁREZ DORTA, David - *Historia del esoterismo en España* - Ed. Almuzara.
–Psicologías esotéricas. La conciencia bajo cuatro paradigmas espirituales - Revista *Cultura Masónica*, nº 44. Diciembre de 2020..

DAVID SUÁREZ

# HISTORIA *del* ESOTERISMO EN ESPAÑA

Un viaje revelador a través de los misterios y
secretos que han moldeado la historia, la cultura y
la espiritualidad de España, revelando conexiones
ocultas que han perdurado a lo largo de los tiempos.

ALMUZARA

Patricia Planas Rufino, iniciada como Aprendiza masona el 26 de septiembre de 2007 en la respetable Logia Luz Primera nº 1 de la Gran Logia Femenina de España en la que ejerció como Venerable Maestra entre 2012 y 2015. Gran Maestra de la GLFE entre 2015 y 2018. Venerable Maestra fundadora de la respetable Logia La Dama Blanca nº 12 de la GLFE en el Oriente d'Escaldes Engordany (2021-Actualidad). Psicóloga especialista en Psicología Clínica y Psicoterapeuta en Centro Médico Teknon.

# SER APRENDIZ, APRENDER A SER

*Patricia Planas Rufino*

En el grado de Aprendiz, en este caso Aprendiza, se contiene el conjunto de enseñanzas que la masonería desarrollará en los otros dos grados universales y en los demás grados de cualquier naturaleza o filiación que estas sean. Ser aprendiza es una circunstancia que acompaña a la masona a lo largo de toda su vida en la que nunca dejará el aprendizaje del ser, aunque se comprometa con el liderazgo o la influencia sobre el devenir.

## Introducción

La idea de escribir un artículo sobre el grado de Aprendiza, hace que me pregunte si ser aprendiza es un trámite que dura un tiempo determinado o es una característica constitutiva de la masona como constructora. A menudo, un análisis superficial nos llevaría a la conclusión de que la Aprendiza lo es de manera transitoria, porque no hay más remedio, un trámite más en el ascenso hasta llegar a ser Maestra.

Recordemos que originariamente la masonería solo tenía dos grados, el de Aprendiz y el de Compañero, siendo el grado de Maestro una construcción muy posterior. En realidad esto ponía de manifiesto que el único objetivo del cantero era devenir Compañero, un hombre apto para unirse a los demás y construir catedrales. ¿Pero en la masonería especulativa el Aprendiz sigue manteniendo esa mera función de tránsito para adquirir unas habilidades, unas capacidades, o nos está dando otro mensaje? Creo que se equivocan los que creen que el año o más que pasamos siendo aprendices es sólo un escalón para llegar más allá. Es más, me gustaría que este artículo sirviera para reflexionar sobre la necesidad de otorgarle un valor superior al grado de Aprendiza.

A modo de introducción me parece conveniente resaltar la idea de que la Aprendiza no es una menor de edad que guarda silencio y está bajo la tutela de la 2ª Vigilante, sino que, en realidad, la Aprendiza es una de las definiciones que debe acompañar a lo largo de toda su vida a la masona. La Aprendiza es una persona adulta desde el primer día, no es una niña, no es alguien a quien le falte capacidad, no sabe leer ni escribir pero quiere aprender y sabe lo que significa. Por tanto, la Aprendiza, que es una adulta instruida, porque precisamente es la instrucción previa la que le ha permitido querer ser iniciada, debe ser tratada como tal. La infantilización de la aprendiza no solo es un insulto y hace que, se dan algunos ejemplos lamentables en esta dirección, quienes sufren por tal motivo puedan alejarse, decepcionados, pensando que somos una cofradía de frikis jugando a las pruebas misteriosas, sino que además es completamente incongruente con aquella opción consciente de alguien que desea penetrar en los misterios y conocimientos de nuestra Orden. Y eso no lo hace desde la ignorancia sino desde el conocimiento, lo hace desde la oscuridad, en la columna del norte, iluminada por la luna pero aspirando a ver la luz del sol, lo que no significa que no sepa lo que es la luz o que no sepa para que sirven sus ojos.

La segunda idea es que, si pensamos que ser Masona se resuelve con un manual de instrucciones en 12 pasos, que una vez aprendido una ya es masona y ya deja de ser Aprendiza, es que seguimos sin entender nada sobre la naturaleza iniciática de nuestra Orden. La instrucción de la Aprendiza no pasa por hacer mil trabajos puramente intelectuales sobre temas diversos o aprenderse el manual del Aprendiz de Lavagnini o de cualquier otro autor de memoria, ya que eso es solo acumulación de conocimiento, sino que pasa por otra cosa muy diferente. En cualquier caso de un manual masónico hay que distinguir el núcleo ritual, que debemos saber, del resto, del halo que lo acompaña, sobre el cual cada masona ha de realizar una interpretación crítica. Una vez iniciada y durante su periodo como aprendiza y a lo largo de toda su vida masónica, la masona irá aprendiendo que la Orden, como experiencia, en efecto, es una escuela de formación de ciudadanos, pero no es una entidad conformada por unos manuales o por unos catecismos. No existe una forma de ser masona, sino tantas formas como miembros, porque la Orden no ofrece soluciones a los problemas, sino que promueve la investigación libre y la formulación de preguntas. La Masonería es una escuela de la duda, un espacio para el pensamiento libre, un estímulo para la emancipación. Lógicamente, no hay un recetario sobre como dudar, pensar o ser libre.

En este siglo XXI se está dando mucha importancia a la instrucción cuando durante el siglo XX la instrucción consistía en hablar con el Vigilante, asistir a las tenidas, escuchar a las demás en pasos perdidos o en la sala húmeda, y despertar y promover en la aprendiza las ganas de leer y de auto formarse. Creo que hoy en día estamos, en las logias, imitando demasiado el modelo académico de estudiar y hacer trabajos, cuando, para mí, lo extraordinario del método masónico es comprender el ritual. Como intentare explicar más adelante, es justamente la vivencia e interiorización de ese ritual lo que diferencia una tenida masónica de cualquier otra reunión en donde se hable de temas interesantes.

Los manuales y catecismos masónicos son herramientas, pero no fines en sí mismos, obviamente tenemos que conocer los símbolos, los signos, los toques, las palabras para poder interiorizarlos, entenderlos, interpretarlos y saber lo que quieren decir, es decir, convertirlos en nuestras herramientas. Lo mismo ocurre con el ritual, saber porque se circula de determinada manera, lo que significa el dialogo entre la Venerable Maestra y las Vigilantes para abrir y cerrar los trabajos y la sucesión de momentos muy significativos como la cadena de unión. Pero todavía más fundamental es saber qué es lo que se espera de cada uno de los oficios y los oficiales de la logia. Justamente a eso es a lo que se refiere la Venerable Maestra cuando al comenzar la Tenida dice «Hermanas, ocupad vuestro lugar», ese «ocupad vuestro lugar» no es sentarse en el sitio que nos toca, sino haber interiorizado lo que significa, requiere y precisa de nosotras ese lugar que ocupamos en la Logia y fuera de ella, sabiendo que cada uno de esos lugares es imprescindible para que los trabajos fluyan, que unos son más importantes durante las Tenidas y otros entre las Tenidas, porque solo así se crea y fluye el egregor, una atmósfera de fraternidad, que será, al fin y al cabo, lo que hará que esa Tenida sea transformadora.

La tercera idea que me gustaría destacar a modo de introducción, es que la vía iniciática no es un sistema basado en el misticismo descrito en las religiones del Libro. Tampoco es, como ya he apuntado más arriba, una exposición dogmática de comportamientos morales o éticos, basados en una doctrina inamovible ajena en muchos casos, a la libertad de conciencia. Estoy hablando indistintamente del gado de aprendiza y del itinerario que sigue la masona a lo largo de toda la vida y eso es debido a la idea de que «Siempre seguimos siendo aprendizas», como aprendizas descubrimos el método masónico pero lo practicamos a lo largo de toda la vida es por eso que lo que es válido durante el periodo como aprendiza sigue siéndolo durante todo nuestro camino masónico.

Vale la pena recordar que la masonería especulativa aparece hace más de 300 años como un ámbito de sociabilidad basado en la libre indagación de los símbolos de los constructores y es también una revolución por reunir en ella a personas llamadas a desarrollar al máximo las potencialidades del alma humana. La masonería, así es, desde esta perspectiva, desde el inicio, un compromiso con uno mismo y con los demás y una oportunidad de trabajar sobre cuestiones que preocupan al ser humano y sobre las que normalmente no tiene ni el interés ni el tiempo de ocuparse por que la cotidianeidad suele impedirlo.

La masona no halla en la logia, vuelvo a decirlo, ni un manual de instrucciones, ni tampoco un compromiso ideológico, más allá de la defensa de los derechos humanos, sino una vocación de servicio, una vocación liberal, liberadora, que se fundamenta en que en la logia coinciden voluntades de personas que buscan el conocimiento, de no ignorar, de conocerse a sí mismos. Uno de los primeros consejos que se le da a la recién iniciada, es el de «conócete a ti misma», el texto esculpido en el frontispicio del templo a Apolo en Delfos.

**Por ello la masonería aboga por la necesidad de abrir las puertas de algo tan aparentemente incognoscible como es la comprensión del ser humano.**

## ¿Quiénes somos y de dónde venimos?
## La búsqueda de la perfección. El aprendizaje constante.
## Virtudes interiores y virtudes públicas.

Como ya publiqué en otro número de esta misma revista, la masonería, desde esta perspectiva, existe desde los tiempos más remotos, desde que la humanidad se pregunta quién es y de donde viene. Nos ayuda en el proceso de individuación. El conócete a ti mismo requiere profundizar en el interior de nosotros mismos, enfrentarnos a nuestros infiernos y posicionarnos entre lo consciente y lo inconsciente a través del estudio de los símbolos. La masonería se inscribe en el tiempo no profano más allá de un trabajo analítico, es una iniciación colectiva, en grupo, la logia, que permite y también impone progresar a través de los otros en un mismo espacio y un mismo tiempo simbólicos, con un método, un corpus esotérico[1] en el marco de un ritual regido a su vez por un rito. Reconociendo que la Verdad es una para todos, pero su expresión (manifestación) es múltiple. El trabajo masónico es una posibilidad acordada ofrecida por un grupo y está motivada por la búsqueda personal de sentido, a fin de participar de un ritual común para permitir al individuo renacer[2] a sí mismo y al mundo a través de la comprensión progresiva de la palabra perdida.

El camino masónico es un esfuerzo permanente para cuestionarnos a nosotras mismas. La masona se sabe imperfecta, pero perfectible y, por tanto, busca encontrar el equilibrio. Este equilibrio en el manejo de las herramientas simbólicas le conduce a la utilización alternativa de la escuadra y del compás, lo que le permite la construcción de sí misma en el campo físico y en el campo espiritual, a fin de construir el templo con la materia de piedras sólidas, sin dejar de lado la geometría. Esto significa combinar el razonamiento lógico con la intuición.

Hay un aprendizaje vital, intelectual y emocional que va a ser la razón de la vida de la masona a lo largo de toda su vida, desde su Iniciación hasta su muerte. Ese aprendizaje es a lo que verdaderamente llamamos pulir la piedra bruta.

El trabajo de la aprendiza es desbastar la piedra bruta. En este trabajo simbólico el Aprendiza es a la vez obrero, materia prima e instrumento. Es decir, ella misma es la piedra bruta que representa su imperfecto desarrollo, el cual, tiene que «trabajar» buscando siempre la perfección interior.

Ese pulir la piedra bruta no es poner los pies en escuadra o dar los tres primeros golpes de mazo sobre la piedra el día de nuestra iniciación. Pulir la piedra bruta es convertir tu vida en una escuela de formación del ser humano que quiere vivir en plenitud. Siendo cada día mejor, ayudando cada día a nuestros congéneres, aportando nuestro granito de arena en la construcción de una sociedad mejor. Es evidente que la Perfección es infi-

---

[1] Se utiliza esotérico como contrapuesto a exotérico, lejos del significado coloquial de la palabra en la actualidad.
[2] El renacimiento masónico es un concepto estrictamente humanista. Simbólicamente, se concibe desde la leyenda de la muerte del Arquitecto del Templo de Salomón.

nita, es inalcanzable en sentido absoluto, pero sí que podemos alcanzarla en sentido relativo, en aspectos, acciones o comportamientos determinados. Lo que debe guiarnos es esa búsqueda, ese acercamiento a la perfección. Así, la conciencia de ser piedra bruta, de ser imperfectos por un lado, y el tener un Ideal de Perfección anhelado por el otro, son las dos condiciones indispensables para que la Aprendiza pueda hacer su trabajo.

Los masones no intentamos alcanzar un ideal de perfección externo, predeterminado desde el exterior sino buscar dentro de cada uno ese ideal de perfección inherente a cada ser humano. La Perfección no debe buscarse según un modelo de belleza externo sino que debe salir del interior hacia fuera. Como el escultor que saca la obra de dentro de la piedra y no copiándola de un modelo externo.

Ser cada día mejor significa, para mí, también, desarrollar todas nuestras potencialidades para ser alguien que no está sometido a la dictadura de un tercero que te dice lo que está bien y lo que está mal, sino alguien que tiene la fuerza interior de aspirar a esa búsqueda en el interior de sí misma, ese «si excavas, hallaras». Mandato antiguo escocés que nos encontramos en la cámara de reflexión representado por el VITRIOL, que nos obliga a no *alegrarnos de habernos conocido* sino precisamente a tratar de descubrir cuál es el juicio que vamos a hacer sobre nosotras mismas comparando los fines que nos proponemos con los resultados que obtenemos. Ese es el verdadero significado de la libertad de conciencia. No estamos aquí para juzgar a los demás, estamos aquí para juzgarnos a nosotras mismas desde el Amor, encontrando el equilibrio entre la auto justificación y el auto reproche.

El análisis crítico de nuestra conciencia, a la luz de los objetivos que nos proponemos, es el cultivo de la virtud interior, el avanzar hacia ser personas en quienes sea verdad que «al francmasón no se le reconoce por lo que dice sino por lo que hace». La masona que se adorna de símbolos, o que alardea de su condición, está desconociendo esta primera regla de que al masón se le reconoce por su estilo, tolerancia, por su capacidad de escuchar, por su prudencia, por su empatía y por su capacidad de aprender de sus errores y de los errores del otro. La capacidad y el deber de aprendizaje no desaparece nunca del camino del francmasón.

Tras el aprendizaje de las virtudes interiores, está el aprendizaje de las virtudes públicas. La Masonería es una experiencia individual que se hace colectivamente y por tanto la masona, de forma natural, tiende a aprender, a seguir aprendiendo y a no dejar de aprender a lo largo de su vida. Va aprendiendo de qué forma compartir su vida con los demás, a hacer la vida de los demás más agradable, y en último extremo, aprende también, a ayudar a construir una sociedad en donde desaparezcan las desigualdades irritantes, los privilegios exorbitantes, las situaciones de explotación, de dependencia o de pobreza mediante la liberación de las cadenas invisibles que nos convierten en marionetas, como nos enseña nuestro ritual de iniciación (GLFE) cuando la Hermana Experta deja caer las cadenas antes de jurar nuestro compromiso con nuestro camino iniciático ante la copa de libaciones. Como ya dije en otra ocasión en *Cultura Masónica*, esta es una de las peculiaridades que las logias escocesas femeninas-la emancipación de las cadenas profanas-han heredado del Rito de Adopción. Por tanto, el aprendizaje de las virtudes privadas y el de las virtudes públicas es un recorrido inacabable. La masona se auto esculpe y nunca acaba la obra y si cree que su trabajo ha culminado, es cuando debe volver a empezar. La idea de perfección es incompatible con la idea de perfectibilidad.

Si cada una de nosotras ocupásemos realmente nuestro lugar, sea cual sea, si los oficios fuesen solo oficios y no cargos, si las Venerables Maestras, las Vigilantes, las Grandes Maestras, fuesen realmente solo personas encargadas de los distintos oficios dando servicio a las demás, al servicio de las demás, nos daríamos cuenta de que estamos en esta *guerra* porque nos hemos comprometido verdaderamente a formarnos para ser más fuertes y mejores a la salida del Templo. Y ese ocupar nuestro lugar, la Aprendiza lo empieza a ejercitar de una bonita manera, en los ágapes, donde se le pide que ponga en práctica una serie de virtudes interiores que se manifiestan de manera pública, al cocinar, servir la mesa o estar pendiente de las necesidades de sus hermanas durante los ágapes, la Aprendiza va aprendiendo valores como la humildad y la igualdad pero, sobre todo, que la masonería es vocación de servicio y eso le permitirá mantener esa vocación de servicio en los grados de Compañera y Maestra y poder ejercitarla también fuera del templo, en su vida cotidiana.

La vida de la masona Aprendiza, que es lo que somos a lo largo de toda la vida, empieza cuando salimos del Templo, para hacer realidad todo lo que hemos aprendido dentro, por eso en nuestro ritual, al acabar los trabajos, la Venerable Maestra dice, «Que la Luz que ilumina nuestros Trabajos continúe brillando en nosotras para que podamos proseguir fuera la Obra empezada en el Templo» y de una forma u otra todos los ritos incorporan un tipo de mensaje en esta línea. Para poder entender la transformación que nos ofrece la masonería como seres humanos, creo que es fundamental comprender el método iniciático masónico a fondo y, tal vez para ello, las neurociencias nos dan una notable y actualizada información de cómo funciona el cerebro y sobre los mecanismos mentales que se ven potenciados por el método masónico.

## El modelo de cerebro triuno o triúnico de Paul Mclean[3]

Para comprender lo que nos explica las neurociencias vale la pena hacer una breve introducción sobre este modelo que considera que el cerebro se construye por plantas, como un edificio. La parte más baja, también conocida como cerebro reptiliano o instintivo, es el más antiguo. Este cerebro es el encargado de todo lo automático, se dispara de forma instantánea ante todo tipo de función fisiológica involuntaria y cualquier acción relacionada con la supervivencia. Ni piensa ni siente ningún tipo de emoción y solo actúa según las necesidades del organismo.

Luego está el cerebro límbico o mamífero, el de las emociones, el cual se construye sobre el anterior. Parece ser que finaliza su desarrollo a los 4 años, antes de este momento un niño no tiene una organización emocional propiamente dicho. Aquí es donde se encuentran y procesan los sentimientos y emociones relacionadas especialmente con la alegría, la tristeza, el placer, la satisfacción o la angustia por citar algunos ejemplos.

El último cerebro, el neo córtex, está situado en la parte superior, en la corteza cerebral, y es el más específico de los cerebros humanos. Digamos que es el área más evolucionada, la que se va a ocupar de aquello más racional, como la voluntad, la abstracción, leer, escribir... en él se desarrollan todas las capacidades cognitivas relacionadas con la reflexión, con la concentración, con el pensamiento racional, con la lógica, con el análisis de situaciones pasadas, presentes o futuras...

Estos tres cerebros están relacionados y conectados entre sí y conforman nuestra identidad.

---

[3] Paul McLean (1913-2007) desarrolló, principalmente su explicación triple del cerebro en los años setenta del siglo pasado.

## La plasticidad cerebral

Marian Diamond[4] fue la responsable de un hallazgo que se convirtió en uno de los descubrimientos más impresionantes de la ciencia moderna: la neuroplasticidad. En los años 60, la comunidad científica todavía creía que el cerebro adulto de los humanos era rígido y estático[5]. En definitiva, descubrió que el cerebro era adaptativo y plástico y que el entorno estaba directamente relacionado con el desarrollo y crecimiento del cerebro[6]. Es decir, nuestros procesos cognitivos básicos y superiores, los conductuales y los emocionales cambian la biología de nuestro cerebro en función del entorno y ésta a su vez, refuerza esos procesos.

Hablando de la masonería, la ritualización y gestualidad corporal con fines determinados por objetivos y contenidos racionales, simbólicos y alegóricos, no solo transmite a través de esos símbolos y alegorías conocimientos intelectuales que producen un estado mental tanto racional como emocional determinado, sino que afecta a ciertos procesos neuronales relacionados con la neuroplasticidad cerebral y la producción de determinados e importantes neurotransmisores como la serotonina, por mencionar alguno, que se relacionan con actitudes y conductas de buen humor, calma, control de uno mismo, adaptabilidad, etc., que refuerzan y dinamizan los contenidos masónicos, afectando notablemente nuestras emociones y pensamientos y finalmente, nuestras acciones dentro y fuera de la Orden.

El sistema iniciático masónico, debidamente practicado, incide en la atención consciente, utilizando entre otros importantes parámetros el esfuerzo, la paciencia, la disciplina, la voluntad, el criterio, la inteligencia, la humildad, la vocación de servicio y la fraternidad, lo cual cultiva y fortalece ciertas partes del cerebro como el córtex prefrontal (Neo córtex),

---

[4] Marian Diamond (1926-2017) es considerada una de las fundadoras de la neurociencia moderna.

[5] Diamond, por el contrario, publicó un estudio –Chemical and Anatomical Plasticity of Brain- en 1964, junto con tres compañeros (los psicólogos Mark Rosenzweig y David Krech, y el bioquímico Edward Bennett) donde evidenció por primera vez que el cerebro adulto también cambiaba anatómicamente.

[6] Esto lo descubrió investigando sobre el cerebro de Einstein. De esta manera, Diamond siempre le dio importancia a mantener el cerebro activo y, pudo especificar más adelante cinco factores claves para que nuestro cerebro siga sano y poder enriquecer las conexiones: la dieta, el ejercicio, los desafíos, la novedad y el amor.

además al ser un método experiencial, potencia las emociones cultivando y fortaleciendo también el cerebro límbico.

Podríamos decir que el método masónico favorece la plasticidad cerebral. La masonería y su método iniciático, cultiva y mejora los aspectos mentales, conductuales y emocionales relacionados con la mente y el progreso profundo y holístico del ser humano y la libertad. Por un lado el uso de una depurada secuenciación simbólica, llamada ritual, y sustentada por la alegoría y por otro lado, el análisis conceptual vía reflexión y debate de las *planchas* leídas en logia después de abrir los trabajos, favorece el acceso al conocimiento tanto por la vía consciente como por la vía inconsciente, fortaleciendo los tres cerebros.

## La transmisión. La comunicación. El aprendizaje

Es sabido que en la trasmisión de un mensaje debemos tener en cuenta la comunicación verbal (CV) y la comunicación no verbal (CNV). A menudo prestamos más atención a lo que se dice (CV) y menos a como se dice y a todo lo que envuelve a ese contenido verbal que nos informa de muchas más cosas (CNV). Es esta última (la CNV) la que trasmite emociones y la que nos permite, por tanto, entender cuál es la intención del comunicador. Hay estudios recientes que avalan esta idea cuando dicen que aprendemos a través de la emoción, aprendemos cuando nos emocionamos. Se ha encontrado que las emociones ayudan a fomentar el aprendizaje, ya que pueden estimular la actividad de las redes neuronales, reforzando las conexiones sinápticas. Por lo tanto, se ha evidenciado que los aprendizajes se consolidan de mejor manera en nuestro cerebro cuando se involucran las emociones. En la comunicación no verbal hay tres elementos que me parecen muy interesantes para explicar por qué el método masónico es tan potente. Estos tres elementos son la quinesia, que es el significado apelativo, comunicativo o expresivo del lenguaje corporal; la paralingüística que está formada por los elementos que acompañan a las emisiones lingüísticas, como la intensidad o el volumen de voz, los silencios, la velocidad de emisión, etc.; y la proxemia, que se refiere los espacios relacionales, la distancia con los demás que nos permite estar cómodos en función del grado de confianza y se dividen en cuatro tipos: íntimo, personal, social y público.

En la masonería esos tres elementos llegan a su máximo potencial, a través de tres áreas de transmisión diferenciadas pero complementarias: a) Los toques, los gestos, la manera de circular (quinesia) b) La transmisión oral, los símbolos y alegorías, el silencio, las *planchas* (paralingüística c) La relación con los hermanos (proxemia). La influencia de estos tres aspectos en la masona, se establece a nivel físico, a nivel intelectual y a nivel emocional. De esta manera el conocimiento masónico se asimila de forma profunda y estable aplicando una congruencia y determinación de los principios masónicos universales, tanto en el contexto masónico como fuera de este.

Siguiendo y teniendo en cuenta lo que decía anteriormente sobre la comunicación no verbal, voy a detenerme ahora en solo tres aspectos de los que me parecen fundamentales en la vida de toda Aprendiza y que configuran una forma de aprender y de transformar a las personas y a los que la masonería le da una importancia capital. Lo que distingue al método masónico de cualquier otro método.

## El ritual

En masonería en general y en el ritual en particular, todo es símbolo y el símbolo además de provocar resonancias o ecos en nuestro interior, nos lleva a una profunda transformación del Ser, posee una gran fuerza energética.

El lenguaje masónico que permite entenderse entre sí a todos los Hermanos y Hermanas del mundo es el ritual, como la expresión pedagógica en cada uno de los grados del conjunto de símbolos que tienen la potencialidad de *unir lo disperso*. Por eso he dicho que el ritual es un lenguaje para la comprensión por encima de las barreras que podrían separarnos. El ritual ha de ser aprendido e interiorizado por cada masón, mediante un trabajo que sin dejar de ser individual y personal, puede venir ayudado por mecanismos de instrucción organizados por la logia. Para mí es muy interesante el concepto de logia interna y es justamente eso lo que hace especiales las *planchas* leídas en Logia porque a través de la logia externa podemos conectar y llegar a la logia interna que hay dentro de cada una de nosotras.

Todo lo que captamos en el taller a través de los cinco sentidos no es más que una expresión visible de un trabajo interior donde se integran la experiencia espiritual y humanística, la imaginación creativa, las emociones reguladas por los significados conceptuales y el raciocinio, llegando, con todo ello, a una integración y dinamización mental y espiritual integral que conforma la logia interior, de la cual, la logia exterior y, concretamente, el ritual es su manifestación visible.

Me parece del todo conveniente detenerme aquí para hablar de la repetición. En mi especialidad, la psicología clínica, se tiende a identificar la repetición con un aspecto patológico; el de las repeticiones ya sea de ideas recurrentes como de gestos en lo que conforma las ideas obsesivas y los rituales en personas con un trastorno obsesivo-convulsivo, olvidándonos, a menudo, de la psicología evolutiva que nos muestra como los niños, y me atrevería a decir que las personas de cualquier edad, aprendemos por la repetición. Todos conocemos la frase "la práctica hace la perfección" y, en esencia, consiste en repetir el aprendizaje que deseas realizar varias veces, para permitir que tu cerebro o cuerpo retenga la información o las habilidades según sea necesario. Como hacen, por ejemplo los futbolistas pateando una pelota de fútbol a una portería hasta haber perfeccionado la técnica o los masones al repetir el ritual de apertura y cierre hasta interiorizarlo. Lo dicho hasta aquí es cierto pero no suficiente, además de la repetición, como ya he postulado anteriormente en este escrito, se requiere entender que estamos haciendo con ese ritual que se repite. La repetición, en este caso, ayudaría a asentar la comprensión de lo estamos haciendo, llegando así a una comprensión mucho más estable y profunda.

A medida que vamos avanzando por nuestro camino masónico y a fuerza de repetir en cada Tenida el mismo ritual de apertura y en la medida que vamos abriéndonos a nuestra logia interna y a la logia que construimos entre todas una y otra vez, nos será más fácil no perder el contacto con esta apertura interna al terminar la tenida sino todo lo contrario, podremos mantener nuestra apertura las 24 horas del día estemos donde estemos.

En su *Manual del Aprendiz*, Lavagnini señala que «la diferencia entre los trabajos masónicos y los que se realizan en una reunión profana es el ceremonial especial en el que se abren y se cierran y particularmente el orden que se sigue en la apertura y cierre». Para mí, lo más importante que pasa en la apertura es la toma de conciencia, cuanto más conscientes seamos de lo que estamos haciendo y del porqué lo estamos haciendo más valor tendrá el ritual y lo que de él aprendamos.

La diferencia no es la plancha sino el contexto en el que se hace y se lee, es decir, la diferencia está en el estado mental, psicológico y emocional que alcanzamos a través del ritual, a través de la apertura de los trabajos en Logia. El ritual de apertura es un acto de creación, convirtiendo un espacio profano en otro sagrado. A mi modo de ver, permite conectar con nuestro inconsciente, con nuestro Yo más profundo, es un lenguaje inconsciente que conecta con nuestro SER y nos abre (apertura) a un tiempo y un espacio distinto, más auténtico y real y que nos conecta con un conocimiento más profundo. La verdadera apertura es interior, va de dentro (inconsciente) hacia fuera (consciente) por eso las Planchas leídas en Logia son diferentes de las leídas en otro tipo de reuniones y las aportaciones que hacen luego las Hermanas son mucho más ricas ya que se hacen desde un estado de apertura y unión y de profundo respeto. A esto es a lo que refería al principio con que el ritual es lo que hace diferente el aprendizaje de las *planchas* de una reunión profana.

## El silencio

Muchas escuelas iniciáticas, por ejemplo, la pitagórica, sometían a sus discípulos a un periodo de 5 años de noviciado, en donde se les admitía como oyentes, guardando silencio absoluto. Pitágoras realizaba ejercicios de meditación basados en la percepción o modulación de la atención consciente, practicando el silencio más estricto, junto a ciertas pautas ascéticas y frugales (alimentación, actividad, etc.) durante 5 años, antes de seguir avanzando en diferentes etapas de aprendizaje sobre la sabiduría, lo cual permeaba a los practicantes al fenómeno introspectivo de dejar los pensamientos recurrentes, sensoriales y banales, entrando en estados de «reminiscencia» que les conectaban con experiencias transpersonales. Para Zoroastro, el silencio de sus aprendices también era importante y se juzgaba su valía en función de cómo los aprendices vivían sus vidas, es decir, se les juzgaba por sus actos y no por sus palabras.

La presencia actual de «silencio» e «introspección» que aparece de forma nuclear en el Grado de Aprendiz de la masonería azul en diferentes Ritos es más que evidente, conectando con las etapas originales establecidas por Pitágoras y perfeccionadas con Platón, ambos filósofos, de importante referencia básica en el contexto masónico[7].

---

[7] Puede consultarse Doménech, Josep-Lluís: *El silencio masónico*, MASONICA, 2017. También: Pont Clemente, Joan-Francesc: »El valor revolucionario del silencio o el silencio una virtud republicana». Conferencia en Palma de Mallorca, 16 de junio de 2012.

El silencio no solo es el deber más importante de las Aprendizas sino que además gran parte de las ceremonias masónicas se llevan a cabo en silencio. En Logia, al igual que cuando nos encontramos en pasos perdidos antes de entrar en el Templo, las Hermanas, debemos estar en silencio, esto nos ayuda a desprendernos de nuestros metales y entrar en un mundo que nos muestra un más allá de lo que nos muestran nuestros sentidos. Así, se logra más fácilmente el buen transcurso de los trabajos ya que la esencia del ritual, la unión mística entre las Hermanas y las energías (egregor) se crean y circulan sin interferencias.

Se define silencio como ausencia de ruido. Y ruido, como todo sonido no deseado por el receptor. Ruido en comunicación es la señal no deseada que se mezcla con la señal útil que se quiere transmitir, o dicho de otro modo, son perturbaciones indeseadas que tienden a oscurecer el contenido de información en una señal.

Vivimos en una sociedad que yo definiría de Ruido, hay ruido por todas partes, en las calles (el tráfico, los sonidos de alarmas etc.), que nos provocan estrés. Ruido en las informaciones, la globalización implica un «bombardeo» constante de informaciones muchas veces contradictorias y manipuladas, que llegan de todas partes y que muchas veces no nos dejan pensar. Y por último, ruido interno, todo tipo de pensamientos, emociones y sentimientos que interfieren en lo que realmente somos e impiden que salga la verdad interior, el verdadero yo interno o superior.

Es por ello que podríamos hacer un símil entre la Columna B y el Silencio. La Columna B es la de las aprendizas y significa «la fuerza», nos enseña a distinguir en el TODO, aparentes opuestos para luego, indicarnos que estos supuestos polos son pura ilusión y que en realidad no son nada más que aspectos complementarios de una sola Unidad. Somos columnas de nuestro templo y para llegar a ser pilares rectos, centrados y verticales necesitamos haber trabajado en y el Silencio. Es por ello que voy a relacionar las tres partes de una columna (base, fuste y capitel) con tres aspectos del silencio, que yo definiría como (básico, externo o formal y metafísico).

**Base - Silencio Básico:** Las aprendizas no deben hablar en Logia. Para aprender a hablar es necesario escuchar y observar y eso se hace estando en silencio.

En la iniciación, cuando estamos en el cuarto de reflexión, se nos enseña que solo a través de la contemplación en silencio se puede acceder a las primeras verdades para entrar en contacto con tu ser más íntimo.

Al prestar juramento, adquirimos la obligación de callar, nos comprometemos a no revelar nada de lo que hemos visto ni oído. Aquí el silencio, simboliza la discreción y la disciplina de la masona, así como su lealtad frente a sí misma y a sus Hermanos. El silencio debe entenderse como instrumento educativo. La Aprendiza debe estar en silencio con tal de utilizar su energía y vitalidad para concentrarse y escuchar, no solo lo que dicen las Compañeras y Maestras, si no a ellas mismas, a fin de aprender y aprehender con sus sentidos todo aquello que le permita su crecimiento positivo interior.

Es decir, todo trabajo de introspección, dirigido a la búsqueda de sí para conseguir el equilibrio interior, comienza por el manejo del silencio.

**Fuste - Silencio Externo o Formal**: Pero no solo basta con no hablar con las otras, tampoco deberíamos hablar con nosotras mismas, debemos también acallar nuestra mente, nuestros pensamientos, nuestras emociones, en definitiva nuestro ego (ruido), para que así puedan abrirse dentro de cada una canales nuevos que permitan el verdadero lenguaje y comunicación con nuestro verdadero Yo.

Casi todas sabemos hablar pero muy pocas saben callar. Para aprender a callar hay que ser consciente de nuestras flaquezas. La mejor palabra es la corta y breve; aprender a hablar lo justo y suficiente, significa en la masona, no solo en la aprendiza, la fuerza de voluntad, el carácter templado, el dominio de sí misma, la elevación del espíritu. Como simboliza la Plomada, la asunción de la templanza y de la justicia mediante el encuentro de la justa medida, que no siempre es el punto medio absoluto sino nuestro propio y veraz sentido del punto medio.

Como masonas debemos tener siempre en cuenta la importancia y el poder de las palabras, de los pensamientos y de las emociones, como decía Zoroastro: *el bien transpira de aquellos que actúan correctamente. Su moral se resume en la frase «buenos pensamientos, buenas palabras, buenos actos*. La palabra es dadora de vida, surge de las tinieblas y sale a la luz. La aprendiza con su silencio se prepara para construir, para dar a luz a través de la palabra. Primero encontrándose, conociéndose a sí misma en el silencio, para después poder obrar, o sea darse a la luz, darse a los demás desde lo que realmente es, desde su propia autenticidad.

**Capitel - Silencio Metafísico:** El silencio no es un objeto que se busca y se encuentra, el silencio siempre está ahí, forma parte de nosotras y de nuestra naturaleza. Para hallarlo solo basta con despejar y hacer desaparecer el ruido, como el sol que está ahí a pesar de que las nubes lo escondan y nos impidan verlo. Cuanto más lo buscamos y deseamos hallarlo más difícil resulta encontrarlo porque nuestra misma búsqueda genera ruido.

Para apartar las nubes que lo tapan no hay que perseguir hallarlo, hay que estar tranquilas, sin presiones ni tensiones del pensamiento, de la memoria o de la razón. Cuando el ego no se afirma, ni se agarra a nada es cuando podemos realmente percibir el Silencio y se puede producir el verdadero crecimiento ya que nos libramos de las interferencias que provoca nuestro ruido interno. Es decir, en el silencio se encuentra la posibilidad del crecimiento; cuando nos aislamos de nuestras influencias exteriores, abrimos los canales de concentración, observamos, escuchamos y contemplamos, estamos aprendiendo a ver la Luz, la Verdad.

La práctica de la meditación masónica, a través del silencio, y también a través de la repetición del ritual, ayuda al proceso de asimilación del saber masónico, permitiendo que la sabiduría no conceptual implícita en los símbolos y las alegorías, conecten mucho mejor con estados profundos de nuestra mente, aumentando nuestros niveles de concentración, de atención consciente, de gestión eficiente de la atención consciente y de impregnación esencial y conductual de la sabiduría masónica en nosotros lo cual, en consecuencia, permite mantener y expresar de forma natural y no dogmática, los principios masónicos con mayor profundidad, autenticidad y consistencia, tanto dentro como fuera de la Orden masónica.

## Aprendizaje colectivo. Fraternidad

En algunos manuales masónicos de instrucción del 1er Grado del REAA se pregunta: «¿A que puede compararse una Logia regularmente cubierta?» A lo que se contesta: «A la célula orgánica y más especialmente al huevo, que contiene un ser en potencia. Todo cerebro pensante figura como un taller cerrado, una asamblea deliberante y al abrigo de la agitación exterior». La Logia encierra en sí misma la enorme potencialidad de la suma de las inteligencias y las voluntades de las hermanas que la componen y está a cubierto de cualquier peligro exterior como simboliza la cáscara del huevo. La logia entendida como un todo compacto en donde el todo, es mucho más que la suma de sus partes. Cada una de nosotras somos un todo en nosotras mismas y como he dicho en muchas ocasiones brillamos con luz propia, pero cuando nos unimos lo hacemos con una luz mucho más potente.

La Logia es un ser vivo en donde cada parte, cada célula, cada Hermana es indispensable para el buen funcionamiento del organismo. La logia como un ser pensante, cambiante, autosuficiente, como un laboratorio de ideas en donde cada una de nosotras expresa con libertad y con respeto su opinión acerca de cualquier cosa y gracias a nuestro peculiar método, vamos aprendiendo a darnos cuenta de que nuestra visión del mundo, nuestra verdad, no es la única por el hecho de ser la nuestra, sino que hay otras formas de entender las cosas. Y este darse cuenta favorece a la amplitud de miras, al respeto y a la aceptación de las ideas de los demás, a relativizar las nuestras y aceptar las de las demás como igualmente buenas a las nuestras, y no solo eso sino que además va provocando de una manera casi imperceptible que vayamos integrando algunas de las ideas de las demás a nuestra concepción del mundo lo que hace que nos enriquezcamos, nos abramos, nos transformemos, evolucionemos y sobre todo crezcamos como personas.

Estos trabajos, junto con el escuchar y ver cómo se comentan las planchas leídas en logia, ayudan a la Aprendiza a abrir su mente, a pensar libremente, porque a medida que avanza el tiempo va poniendo en cuestión aquello que sabe y va haciendo espacio a nuevos conocimientos abandonando alguno o al menos transformando los viejos y no por capricho sino porque al obligarse a leer, a pensar, a dudar, todo aquello que era su acerbo, su conocimiento adquirido, en parte se pone en cuestión. Todo ello va ayudar a la aprendiza a trabajar, si cabe, su actitud, esto es, observar la regla del silencio durante los trabajos en logia, pulir la piedra bruta, es decir, esforzarse en vencer sus pasiones y rectificar sus defectos. Pero para mí lo más importante es que conseguimos gradualmente conocer al otro, a las otras Hermanas y aprendemos a quererlas. Quererlas y aceptarlas a pesar de las cosas que no nos gustan, que nos duelen, que nos saben mal.

La Aprendiza va aprendiendo, también, que la logia, en la medida en que forma una sociedad cerrada está a salvo de los ataques que pudieran venirle de fuera, pero no lo está de los ataques que puedan nacer en su seno. Y esos ataques existen, existen bajo diferentes formas, las traiciones, el egoísmo de querer ser alguien en la logia, la desconfianza en las Hermanas que hace que todo lo interpretemos mal, como hecho en contra nuestra, la falta de empatía que nos impide ser sensibles al sufrimiento de alguna Hermana y ponernos en su lugar y actuar desde ahí con ella.

El huevo, como todas sabemos tiene dos partes diferenciadas, la yema y la clara, representándose así la dualidad, los opuestos, los complementarios, nadie duda de las diferencias que hay entre nosotras, somos todas diferentes y a veces es inevitable que se produzcan los malos entendidos, las crisis. La clara y la yema (las diferencias) representan toda la manifestación cósmica y toda función vital, simbolizada en todas las tradiciones por la espiral, las dos serpientes del caduceo de Mercurio, los dos pilares del Árbol sefirótico... Este vaivén, es un ritmo universal que se relaciona también con el simbolismo del huevo como re-generación y resurrección, igual que en la logia. Todas estas formas de ataque interior forman parte de ese vaivén, de ese ritmo cósmico que nos ofrece la oportunidad de trabajar, de aplicar nuestro método masónico, en nosotras mismas, y trascender a esas miserias humanas, inevitables por otro lado, para volver a conectar con la unidad, dándole más importancia a lo que nos une que a lo que nos separa. Utilicemos en esos momentos de crisis el método masónico para superarlas y salir reforzadas como personas y como logia. Sirvámonos del lado «negativo» de ese vaivén inevitable para trascender y re-generarnos convirtiéndonos en mejores personas y por tanto en una mejor logia.

## Conclusión

Permítame el lector introducir una anécdota acontecida el mismo día en que ponía fin a este ensayo. En el comedor de un hotel veraniego, junto a la playa, una pareja cenaba con su hija pequeña de poco más de dos años. Sus padres le habían puesto delante una pantalla de teléfono en horizontal y ella había centrado toda su atención en lo que veía. Sus progenitores, sin mirarla, le iban metiendo cucharitas de alimento que la bebe engullía. La escena podía interpretarse así: había que anestesiar al bebe para que no se diera cuenta de que estaba comiendo. En definitiva, la aniquilación del cerebro propiamente humano (neo Cortex), conduce al uso del cerebro mamífero, y el pequeño *animalito* se comporta como tal. Esta es una práctica cada vez más extendida, que no cabe atribuir a los móviles sino al mal uso de las pantallas. A menor escala, la televisión se había utilizado con idéntica finalidad, pero las pantallas actuales, de movilidad ilimitada y con multitud de productos diseñados para el atontamiento de gentes de todas las edades, han convertido esta praxis en un mal uso universal. Solo es un ejemplo: la pérdida general de la capacidad de cálculo mental.

Una sociedad de niños atontados por sus padres, será una sociedad de adultos atontados por las producciones audiovisuales de ínfimo nivel, omnipresentes en el hogar, en las comidas familiares, en la desaparición de las tertulias, en el aislamiento en los medios de transporte, incluso en los escenarios más bellos, y de desconocimiento del entorno, supuestos que serían risibles sino escondieran la tragedia de la aniquilación del pensamiento autónomo. En aquel barco que surcaba el mediterráneo varios adolescentes conectados a sus pantallas no se apercibieron de la belleza del grupo de delfines que seguían al navío. Sin comentarios.

La masonería es uno de los últimos espacios de sociabilidad que, sin ser de ámbito deportivo, congrega a las personas a relacionarse entre ellas, a aprender las unas de las otras y a desarrollar una visión crítica. En este sentido la masonería y sobre todo su método iniciático, es una especie de *clinic* permanente de ejercicio del cerebro humano. Ahora que sabemos que el cerebro no es un órgano estático sino que se caracteriza por su plasticidad, la iniciación progresiva en los símbolos de la orden y la práctica del trabajo en las logias se muestra como instrumentos idóneos para despertar la imaginación y la curiosidad científica, lo que abre las puertas de un lado, al conocimiento, y de otro, al libre examen.

La francmasonería no se limita a desarrollarse como una Academia, sino que promueve y valora la experiencia e incita la emotividad, combinando el estímulo del cerebro límbico con el neo córtex, lo que potencia la capacidad de aprendizaje. A esto le podemos llamar superación del estado *mamífero*, sin negarlo, para alcanzar el estado *humano*, cuyas posibilidades de expansión son ilimitadas. Esto no se obtiene sin ejercicio y la logia es el espacio que favorece, precisamente, este ejercicio.

La masonería femenina no es una excepción, pero además cumple una función emancipadora de los roles tradicionales y contribuye decisivamente al desarrollo de la mujer. ⚎

Luis Antonioi Muñoz es músico, investigador y director musical. Es también coach de voz, locutor de los programas de Radio Clásica El sonido del tiempo, Por humor a la música y colaborador en Sinfonía de la Mañana, así como director de los cursos «Conoce la música», «Conoce la ópera» e «Historia oculta de la música».

Desde 1994 dirige Camerata Ultreia —grupo con el que realiza conciertos y proyectos de investigación—. Ha compuesto música para cine y teatro como La Regenta (Teatros del Canal), El hogar del monstruo (Centro Dramático Nacional) y PIIGS (Royal Court Theatre).

Su discografía se compone de más de treinta grabaciones, entre las que destacan las Cantigas de Santa María de Alfonso X o música con instrumentos diseñados por Leonardo da Vinci, gran parte con el grupo Música Antigua de Eduardo Paniagua. Ha pertenecido como cantante a formaciones prestigiosas como el Coro Nacional de España, el Coro de RTVE y el Coro de la ORCAM.

Es autor de *Historia oculta de la música*, *Homo musicalis* y *La partitura de la reina* (novela) publicados con éxito en Esfera de los Libros, Colabora ocasionalmente con distintos medios especializados como SER Historia o MUY Interesante, así como en podcast de gran prestigio como Radio El Respeto, La Escobula de la Brújula, Esto es otra Historia o Dias Extraños.

# LA IMPORTANCIA DE LA
# MÚSICA
## EN LOS RITUALES MASÓNICOS
## DEL GRADO DE APRENDIZ

*Luis Antonio Muñoz*

Esta es una nueva publicación con la que deseo colaborar con mis amigos de *Cultura Masónica*. Habiendo hablado en números anteriores sobre *La música en el principio de formación de la conciencia*; sobre *La música y el gran arquitecto*; o sobre *la obra masónica de Jean Sibelius*, me gustaría realizar esta pequeña aportación al concepto del comienzo musical del grado de aprendiz. Pero antes de nada, a modo de introducción, me gustaría contaros una experiencia personal que aparentemente no tiene nada que ver con un tema masónico. ¿O quizás, si?

Hace muchos años, cuando era un niño de diez años, mis padres me apuntaron a un gimnasio de Tae-kwon-do, un arte marcial coreano desconocido que se empezaba a introducir a principios de los 80 en los barrios obreros de Madrid, entre casas de reciente construcción que ahora resultan viejas y sueños de familias recién formadas. Allí estuve más o menos dos años, de los diez a los doce, asistiendo a clases y aprendiendo una serie de valores de los que me hago eco después de muchos de muchos años y de los que no era consciente. En aquel lugar tuve mis primeros contactos con el compañerismo fuera del entorno del colegio y también me di cuenta de que la disciplina era necesaria en la vida para conseguir ciertos objetivos. Aspectos como el saludo de respeto al entrar al Do Yang, que es como se llama el lugar donde se ejercita este arte, que casi como un ritual se hacían extensivo a todos los que llevaban años practicando este arte marcial. Personas que recibían una forma de reconocimiento: el color del cinturón como señal de la experiencia. Una prenda que al igual que un mandil o una joya, no se lleva en la calle, sino que se viste únicamente dentro del recinto. Su color representa por tanto el estado de cada persona en su proceso de aprendizaje. De manera inconsciente, iba observando las conductas y habilidades de mis compañeros, tan niños como yo; de los expertos que ya lucían orgullosos sus cinturones azules o marrones o de los diferentes maestros que por allí pasaban, sobre todo del que nunca me olvidaré, Carlos. En aquel lugar aprendí cosas sorprendentes, como la importancia de la igualdad y el respeto por los otros y la tradición, ya que algunas de mis compañeras de mi edad eran tanto o más diestras que yo en los combates que hacíamos como entrenamiento.

Quizás alguien se pregunte sobre qué tiene que ver todo esto con la masonería. Pues resulta que aquel proceso mío personal no difería mucho de lo que es —salvando las distancias— un proceso de desarrollo de un aprendiz de masón. Cuando en aquel gimnasio pasé del blanco del primer grado, al amarillo del segundo, me di cuenta de algo importante: que no sabía nada y que era solo «un día más experto». Tenía por delante de mí todo un camino para desarrollar la destreza propia de ese nuevo estado representado por el color amarillo. Y así hasta el cinturón verde, que fue donde lo dejé.

## Músicas para los rituales del primer grado masónico

Entraré directamente en materia haciendo la aclaración de que este artículo no trata sobre las músicas dedicadas al ritual de iniciación en la masonería, sino al desarrollo del grado de aprendiz, una vez se han pasado las pruebas correspondientes a la iniciación como masón. Por obvio que pueda parecer, la música desempeña un papel esencial en los rituales masónicos de iniciación, que deberían ser entendidos como una puerta de entrada a un nuevo mundo de conocimientos y de aprendizajes.

# LA IMPORTANCIA DE LA MÚSICA EN LOS RITUALES MASÓNICOS DEL GRADO DE APRENDIZ

A grandes rasgos, para muchos aprendices la música de su ceremonia de iniciación es una de las partes más memorables. De los testimonios podemos extraer que lo más significativo es su capacidad para evocar emociones, promover la reflexión y crear un sentido de comunidad. Es también un vehículo perfecto para completar la transmisión de las enseñanzas masónicas de una manera memorable y poderosa. Según sus descripciones, la combinación de palabras, acciones y música crea una experiencia sensorial que deja una impresión duradera. Una ceremonia diseñada como un viaje emocional en el que la privación del sentido de la vista se mantiene hasta su parte final, una vez realizadas las pruebas. La música les ayuda por tanto a integrar las enseñanzas masónicas de una manera más profunda, e incluso calmar su ansiedad o aumentar la concentración durante el ritual. Pero una vez cruzado ese umbral de la iluminación, se abre al neófito un nuevo espacio, el del proceso «en sí», que resulta interesante para el artículo que nos ocupa.

El asunto primordial en este artículo es por tanto el del proceso de aprendizaje que los neófitos enfrentan desde sus primeras tenidas, una vez ya han recibido el ritual de iniciación. Me centraré en desarrollar la idea de que dentro del crecimiento propio del primer grado de aprendiz, el primer nivel dentro de la estructura masónica, es especialmente importante la figura de la *Columna de Armonía* como garante de una selección del musical que resulte crucial en aquellos Ritos que utilizan la música, no como un un adorno, sino como parte estructural del ritual.

Las piezas elegidas por la columna deberían reflejan los valores y enseñanzas de la Francmasonería, así como adecuarse a su uso apropiado para la solemnidad de los rituales. En la antigüedad masónica, los maestros de la columna de armonía se hacían responsable de coordinar, seleccionar, dirigir e interpretar la música durante los rituales. Lo más importante era el profundo conocimiento necesario sobre los símbolos para poder utilizarlos correctamente durante dichas ceremonias. En los primeros años, muchas logias tenían un repertorio establecido de himnos y composiciones que fueron utilizadas con estos fines. En nuestros días es ya casi imposible observar la práctica de la composición de música *ex professo* para los rituales comunes, por no hablar de la interpretación de dicha música en directo en las logias como práctica habitual.

# LA IMPORTANCIA DE LA MÚSICA EN LOS RITUALES MASÓNICOS DEL GRADO DE APRENDIZ

Y para analizar este hecho nos centraremos de manera específica en algunos ejemplos de textos asociados al grado de aprendiz que podemos encontrar en los primeros textos oficiales de la masonería posteriores a 1717 y también en diversos manuales masónicos de esa primera etapa que comprende todo el siglo XVIII. Lo hacemos siendo conscientes de que en este artículo no pueden estar todas las que son. Simplemente, son ejemplos que ilustran la importancia del uso de la música como herramienta de formación de los masones aprendices.

En este contexto, el simbolismo y la función de la música, se revela como una contribución indispensable para el crecimiento personal de los recién iniciados. En cada tenida, la música elegida adquiere una función orientada a contribuir al sentido de pertenencia y de unión del iniciado, ofreciéndole una actitud receptiva hacia las enseñanzas propias de cada ritual. Un marco musical, simbólico y abstracto, que resulta idóneo para apoyar la transformación progresiva del neófito en su camino hacia el segundo grado y siempre en combinación con la información que reciba tanto de sus hermanos, como de todo lo que vea y oiga en la logia. De un lado, los hermanos masones ayudan al neófito a recibir cualquier información que sea recomendable para su proceso de aprendizaje, asistiéndole mediante todo tipo de contenido que lo refuerce. De otro, el propio miembro, debe ejercitar también esa labor callada y paciente que le permita observar de forma discreta todo lo que ocurre alrededor. Una vez iniciado, el nuevo masón debe estar dispuesto a adquirir con humildad la información de los más expertos de su logia, ponderando el equilibrio entre palabras y acciones; analizando los comportamientos observados tanto en los aprendices más expertos, como en sus compañeros o maestros. Y las canciones son una herramienta más para completar el trabajo del primer grado masónico.

En lo que se refiere al grado de aprendiz podemos distinguir dos tipos de composiciones en los primeros cancioneros del siglo XVIII.

1. Las canciones cuyo título contiene la palabra «aprendiz» en diversas formas, conocidas también como «canciones de aprendices».

2. Las que no incluyendo el término específico, aluden de manera concreta a la recepción, la experiencia vital y emocional de un nuevo miembro. Dentro de este grupo están además aquellas que aparentemente no

poseen ninguna relación con el grado, pero que por su temática pueden ser material de reflexión para el neófito.

Solo en el apartado de las canciones sueltas, esto es, que no están asociadas a ningún cancionero y circunscritas al ámbito de la lengua francesa nos encontramos con varios ejemplos que aluden directamente al término aprendiz.

## Canciones independientes

Como en el caso de la titulada *Recepción a un Francmasón* (1744), de la que muestro las primeras cinco estrofas de un total de quince. Pertenece al volumen 3 de la *Historia de Francia en canciones*, de Barbier y Vernillat y está en el espíritu de las revelaciones de este período. Es posible observar en ella un diálogo en el que un neófito hace patente su deseo de entrar en masonería frente a las interacciones con un Gran Maestro que va dirigiendo el proceso.

*Vengo ante vosotros de rodillas,*
*Vengo Gran Maestro con la intención de ser recibido como Masón.*
*—¿Tienes vocación, respóndeme, hermano?*
*Me encantaría que me reconocierais como hermano,*
*me encantaría si quisierais acogerme.*

*—Que uno de vosotros, uno de nuestros queridos hermanos,*
*instruya a este hermano.*
*Véndale los ojos antes de que vea la luz, véndale los ojos:*
*déjalo encerrado durante una hora o dos.*
*Haz todo lo que pienses: No temas, hermano.*

*Espada en mano, ponte centinela en la puerta, espada en mano,*
*actúa como guardia. Saquémoslo de la cárcel. ¡Vamos hermano!*
*Salió el hermano, y tambaleante buscó a tientas: Salió el hermano,*
*El Venerable le dijo: — Preparaos para ver grandes misterios,*
*Observa con atención, hermano.*

*[...]*

# LA IMPORTANCIA DE LA MÚSICA EN LOS RITUALES MASÓNICOS DEL GRADO DE APRENDIZ

Otro de los ejemplos que muestro a continuación es el curioso ejemplo titulado *cántico de los aprendices*, datado en 1748 y encontrado en la ciudad de Lyon. Aparece en una curiosa obra anti masónica titulada *El Anti-Masón o los misterios de la masonería, desvelados por un profano*. Este cántico, muy entusiasta, está ausente en todos los compositores masónicos conocidos de finales del XVIII excepto en uno, en la llamada edición F de los cancioneros de Jerusalén. Tal vez su carácter de revelación, que nos cuenta la historia de una recepción, la hizo impropia para una publicación más ortodoxa. Esto es precisamente lo que lo hace interesante, debido a la descripción de la escena. Nos ayuda a describir el ritual en el que no aparecen ciertos elementos de épocas más tardías, como la puerta baja o ciertos tropiezos. Tampoco habla de ningún tipo de cuerdas o de cadenas. En cambio, sí están descritas otras figuras tradicionales como la bóveda estrellada, el uso del delantal y de los guantes, así como el despojo de los metales, definido como «todo aquello que favorece a la persona».

*Vestido de profano, hacia la oscuridad;*
*Un Hermano terrible vino a despojarme de todo lo que me halagaba.*
*Casi temblé: y fue para rendir homenaje a la Hermandad.*
*En ese instante me presentó un Caballero Hermano,*
*llamando a la puerta con tres golpes fuertes:*
*Viajo como esclavo, con los ojos vendados,*
*para pedir luz a la Fraternidad.*

*Veo en sus brazos un Sol brillante, gentil y lleno de encantos,*
*y a los Hermanos Asistentes influyéndome con sus luces con sinceridad;*
*Todo es para uso de la Fraternidad.*
*Entrando al Templo veo muchas cosas bellas;*
*Desde la cabeza hasta el centro estrellas diseminadas:*
*Magníficos ornamentos de este gran Salomón,*
*que sirven para el uso de los queridos Hermanos Masones.*

*Recibo, Venerable, vuestros preciosos presentes,*
*es el antiguo adorno acompañado de los guantes;*
*Es la pura amistad de verdaderos hermanos masones*
*y espero ser digno de llevar este gran nombre.*

# LA IMPORTANCIA DE LA MÚSICA EN LOS RITUALES MASÓNICOS DEL GRADO DE APRENDIZ

*Nunca en el mundo el hombre ha estado más satisfecho,*
*tanto en la tierra como en el agua, de estos sus encantos secretos;*
*Son todas tan respetables y las palabras tan discretas,*
*que estoy, Venerable, a la altura de mis deseos.*

Otro de los ejemplos que citaré a continuación es la conocida como **súplica de un masón antes del momento de las pruebas**, que aparece en la página 144 de la edición de 1782 del *Almanaque de las Musas*. Se trata de una ingeniosa (y anónima) composición que considero interesante reproducir aquí. Aunque no es seguro en modo alguno que fuera destinada a ser cantada, si acaso, para su recitación como un poema en la logia.

Pese a lo que pueda parecer, el candidato no expresa su rechazo a las pruebas simbólicas, que aparecieron en su totalidad a finales del siglo XVIII, sino a las pruebas que debían realizarse, más cercanas a las novatadas, que pretendían tanto impresionar a los neófitos como divertir a los masones durante la iniciación.

*Es muy bueno ser probado;*
*hacia el Templo sagrado la prueba es un pasaje;*
*pero me hubiera gustado tanto haber llegado sin haber hecho el viaje.*
*Quien quiera que lo diga, feliz y sabio,*
*merece este dulce placer de confraternizar con vos,*
*distinguiéndose primero por su valentía.*
*¿Pero quieres suscribirte a mis deseos?*
*Hay un modo, si os dignáis creerme, y es acortar un poco mi gloria,*
*para alargar mis placeres.*

Dos años después del texto anterior, se compuso este *Breve poema de bienvenida a un nuevo iniciado*, (1784) que se encuentra en el *Libro de Arquitectura* de la Logia *La Fidelidad* de Hesdin, que había sido creada en julio de 1749. Aparece publicado en la obra de 1914 de Émile Lesueur, *La franc-massonerie artésienne au XVIII siècle*. Se trata de un texto relativo a una recepción fechada el 24 de febrero de 1784, que probablemente se cantó como una «contrafacta» de una melodía preexistente, conocida como *La Baronne*. El iniciado era el hermano Despommare, segundo teniente del regimiento *Ponthièvre-Dragons*; seguramente se trata de Jean-Nicolas-André II des Pommare (1761-1846). Lesueur publicó también una carta dirigida al destinatario por su madre en esta ocasión. Expresa toda su admiración por la masonería, a la que venera aunque conozca poco de sus misterios. Elogia especialmente su carácter universal, que permite al masón no sentirse extraño en ningún país y encontrar amigos en todas partes.

*En vuestra logia, feliz aquel que puede verse admitido;*
*El venerable lo alaba y sólo vemos amigos, en el palco.*

Precisamente al hilo de la incorporación de la mujer en la masonería en sus diversas formas, encontramos ejemplos curiosos como el que incluyo aquí. Se trata de una publicación de la Biblioteca Nacional de Francia (BNF), que contiene el *Almanaque de las Musas* de 1791, con textos fechados en 1790 y titulados como *poesías fugitivas*. Encontramos en este último, en su p. 131, este poema puesto en música para ser *Cantado a una hermana recién recibida en logia por el señor de Miramond.*

Aria: ¿Por qué no soy yo el helecho?
*Una venda en tu párpado te hizo aprenderlo con Amor;*
*Pero reconocimos a la Madre en cuanto os devolvimos la luz.*
*Cuando nuestras crueles puntas os causaron tanto temor,*
*¿por qué no visteis todas las que tu hijo os ofrecía?*

Y en relación al tema de la mujer en la logia, conocemos también la existencia de una canción para Mme. de Beauharnois, masona iniciada en Lyon en una logia de adopción en 1790. Algunas fuentes piensan que podría tratarse de Joséphine de Beauharnais, mientras que otras citan a Fanny de Beauharnais (1737-1813) que sabemos que se encontraba en Lyon en esta época (había sido recibida el 24 de agosto de 1790 en la Academia de Lyon, de la que era miembro desde 1782). En el número 22, del sábado 25 de septiembre de 1790, del *Courier de Lyon*, pp. 189-191 se nos dice:

Madame de Beauharnois disfruta de Lyon, y la gente disfruta celebrándola allí y atándola con lazos de flores. Los poetas la alaban con sus producciones; las escuelas se honran con su presencia: el día 10 de este mes, uno de nuestros templos más famosos de Salomón se abrió para dejar que la luz masónica brillara en sus ojos: los hermanos de este oriente dieron el mayor brillo a la recepción de una hermana que el propio Febo celebró en el valle sagrado. No estaba sola en el palco; Allí se reunieron otras bellezas del horizonte lionés. Fue en medio de esta encantadora compañía que el Sr. Planterre cantó los siguientes versos, al son de la canción titulada Contaríamos los diamantes.

El autor de la canción de recepción, Barthélemy-Ambroise Poucholle, conocido como Barthélémi-Ambroise Planterre (1751-1799) era en ese momento actor en el teatro de Lyon y precisamente redactor del *Correo* de la misma ciudad.

*De los placeres del gran Salomón vemos aquí el modelo,*
*Él reunió en su casa las artes, los talentos y lo bello.*
*Sin embargo, señoras, creo que él era menos feliz que el resto de nosotros:*
*a las hermosas les dio leyes, y nosotras recibimos las vuestras.*
*Ignorasteis los atributos, los secretos de los lugares donde estamos;*
*Ahora que los conocéis, sabéis más que los hombres.*
*Porque bien podéis presumir de estar informada de todos los nuestros:*

*¿Pero quién de nosotros puede vanagloriarse de conocer profundamente*
*todos los vuestros?*
*¿Quién os inspiró el deseo de entrar en este lugar de misterio?*
*Es curiosidad, placer, tal vez el dios de Cythere.*
*Todos diréis: No. Tus razones no son demasiado buenas:*
*Sabemos que el amor no es masón, pero ha hecho muchos masones.*
*¡Honra tres veces al poderoso nudo que une a las hermanas con los*
*hermanos!*
*¡Honor a ti, sexo encantador, que participas en nuestros misterios!*
*¿Qué profano, si hubiera podido, no habría seguido nuestros pasos,*
*viendo el templo de la virtud convertirse en templo de las gracias?*

La historia y el simbolismo de la música en la Francmasonería subrayan su importancia y su capacidad para conectar a los masones con sus valores y principios fundamentales. Como lenguaje universal, la música continúa siendo una parte integral y valiosa del grado de Aprendiz, donde los iniciados comienzan su viaje hacia la iluminación y la sabiduría.

# LA IMPORTANCIA DE LA MÚSICA EN LOS RITUALES MASÓNICOS DEL GRADO DE APRENDIZ

## Dos ejemplos musicales de los cancioneros

Pasamos ahora a mostrar algunos ejemplos de canciones relacionadas con el grado de aprendiz, pero que se encuentran incluidas en cancioneros masónicos de recopilación. Prácticamente de todos ellos podemos extraer ejemplos de canciones compuestas para completar el sentido pedagógico del grado de aprendiz. Y sería un motivo de un estudio más profundo en alguna obra de mayor calado.

Los cancioneros masónicos son una fuente excepcional para extraer conclusiones de multitud de aspectos relacionados con la masonería que incluyen el estudio de los grados, los usos de los rituales dentro de las logias, o aspectos importantes desde la mirada de los masones hacia «el exterior», acerca de aspectos sociales, culturales, económicos o incluso políticos.

Antes que nada, os muestro a continuación un resumen de los cancioneros más importantes de este siglo XVIII de los cuales, extraeré algunos ejemplos:

Las *Constituciones de Anderson* (Ediciones de 1723, 1738, 1742, 1756, 1767, 1784)

El *Cancionero de Naudot* (1737)

*Canciones originales de los franc-masones.* Colección de La Chapelle (1744)

*Canciones originales de los franc-masones.* Colección de Lansa (ed. 1747 y 1749)

*Canciones de la Orden de la Adopción.* (La Haya, 1751)

*Colección de la Viuda Jolly.* (Amsterdam 1762)

*Colección de canciones de los francmasones* para el uso de la Logia Santa Genoveva (1763)

*Colección de Sophonople.* Para la masonería de hombres y mujeres. (c. 1757)

Cancionero de *La lira masona* (1763)

La *Colección de canciones francmasónicas de Francfort* (1764)

La *Colección de canciones* de 1765

El Cancionero de *La musa masónica.* (1773)

El *Cancionero de Laussanne.* (1779)

El *Cancionero de André Honoré.* (1782)

Las *Canciones para el marqués de Gages* (Países Bajos austríacos) 1786

# LA IMPORTANCIA DE LA MÚSICA EN LOS RITUALES MASÓNICOS DEL GRADO DE APRENDIZ

Los *Oráculos de la Verdad* (1788)

La Preciosa Colección de Masonería Adonhiramita (1° ed. 1785 y 2° ed. 1809)

Los *Cancioneros de Los tres globos de Berlín* (francófonos).

Los *Cancioneros de Le Bauld, de Berlín* (francófonos).

La *Colección de Reynvaan* (Paises Bajos, 1799)

Los *Almanaques Holandeses* (1744-1781)

Nos centraremos en dos ejemplos, comenzando con el que quizás sea uno de los primeros poemas masónicos sobre aprendices que se encuentra en las *Constituciones de Anderson*, en su edición de 1723. Su autor es Matthew Birkhead, un actor y cantante que murió en diciembre de 1722 y cuyo funeral masónico tuvo lugar el 12 de enero de 1723. Se trata del primer texto impreso en el siglo XVIII en el que encontramos la denominada *Free Mason's Health* (La salud del masón) o *Entered 'Prentice's Song* (Canción del aprendiz ingresado).

Esta temprana canción es anterior a la Gran Logia y apareció impresa por primera vez alrededor de 1709. Puede tratarse de la expresión más antigua de la masonería como sociedad en la que todos sus miembros son calificados como iguales. En este caso nos encontramos con un texto de exaltación que profundiza en el orgullo y las bondades de haberse iniciado en la masonería del que encontraremos muchas variantes a lo largo de la historia.

Probablemente se trata de una de las más populares de los dos primeros siglos del *Arte Real* y nos muestra la aparición de ciertas «pistas» sobre las actitudes de los primeros fundadores de la Gran Logia de Inglaterra. Aquellos que aceptaron el secreto de la masonería como parte estructural de sus creencias y celebraron compartir algo especial: su hermandad. Su título es *Para ser cantado cuando todos los asuntos graves hayan terminado y con la licencia del MAESTRO*. Y la primera estrofa es una celebración en la noche de una iniciación:

*Venid, y preparaos, Hermanos, que nos Reunimos en una Feliz Ocasión;*
*Bebamos, riamos y cantemos; Que fluya el manantial de nuestro vino:*
*Aquí hay un brindis para un MASON Aceptado.*

La segunda y tercera estrofas declaran que el mundo exterior puede intentar comprender los secretos de la Masonería, pero que nunca podrá hacerlo. Es una celebración absoluta del secreto masónico y el valor de una experiencia cultural compartida.

> *El mundo sufre para obtener nuestros secretos,*
> *y aún así, dejemos que se maravillen y los contemplen;*
> *Nunca podrán adivinar la Palabra o el Signo*
> *de un MASÓN Libre y Aceptado.*
> *No podrán decirnos esto o aquello*
> *sobre por qué tantos grandes hombres*
> *deberían vestir sus mandiles*
> *para convertirse en uno como MASÓN Libre y Aceptado.*

A continuación, la canción se regocija en cómo hasta la realeza se ha introducido en la masonería en igualdad frente a los otros hermanos.

> *Grandes reyes, duques y señores, han pasado bajo las espadas,*
> *nuestro misterio les ha concedido la buena gracia,*
> *y nunca se han avergonzado.*
> *Para oírse nombrar como un MASÓN libre y aceptado.*

La penúltima estrofa incluye una referencia al antiguo pasado masónico. Seguramente los primeros masones que cantaron esta canción en las tabernas en que se reunían celebraron la historia de la orden, exaltando a la masonería y la arquitectura de esta forma.

> *Tenemos de nuestro lado el orgullo de la antigüedad;*
> *Que hace que los hombres sean justos en su posición:*
> *No hay nada más que lo bueno que puede ser entendido*
> *por ser un MASÓN libre y aceptado.*

El último verso incluye la referencia más antigua a una práctica conocida a como «cadena de unión». Los hermanos se tomaban de la mano alrededor de la mesa en la primera línea y saltaban al unísono al final de la segunda línea, produciendo un efecto atronador en los pisos por debajo de la logia.

> *Entonces unamos nuestras manos,*
> *aprendamos unos de otros a mantenernos firmes,*
> *seamos alegres y pongamos una cara amable:*

# LA IMPORTANCIA DE LA MÚSICA EN LOS RITUALES MASÓNICOS DEL GRADO DE APRENDIZ

*¿Qué mortal puede presumir de un brindis tan noble,*
*como el de ser un MASÓN libre y aceptado?*

La última de las estrofas es un añadido a la edición de *Las Constituciones* de 1738, que generó alguna que otra controversia por el abandono que algunas logias habían realizado a mujeres viudas de masones.

*Somos verdaderos y sinceros, estamos justo en la Feria;*
*Confiarán en nosotros en cualquier ocasión;*
*Ningún mortal puede adorar más a las Damas*
*que un masón libre y aceptado.*

El segundo ejemplo significativo es la denominada **Canción de los aprendices, de La Lira masónica (1763)** que viene al caso como texto cantado que describe los componentes del desarrollo del primer grado. Los temas tratados aparecen como parte del ideario de virtudes y valores propias del primer grado masónico. La luz, la felicidad, la igualdad en la logia, en la que el rango social no es importante. Es un canto al desarrollo de valores masónicos como la prudencia, la inteligencia, la discreción, la belleza o la unidad.

*Amantes Niños, cuyos tiernos párpados,*
*Gracias a nuestras lecciones, contemplan la luz;*
*Mira tu felicidad: A la virtud damos estima,*
*Y nuestro corazón es para el corazón. Un homenaje legítimo.*

*Aquí el Príncipe admitido es un hombre común y corriente,*
*que encuentra amigos que su rango no puede lograr.*
*Sois sus iguales, y pasadlo, según nuestra prudencia,*
*si mostráis en nuestras obras una inteligencia más vivaz.*

*Honra a tus mentores, practica su doctrina;*
*Mereceos los tesoros que la Orden os destina:*
*Sed sumisos, discretos, éste es el camino que lleva a la victoria;*
*Con nosotros están listos los laureles para quienes aprecian la gloria.*

# LA IMPORTANCIA DE LA MÚSICA EN LOS RITUALES MASÓNICOS DEL GRADO DE APRENDIZ

*Con tierna unión Ven y únete a la cadena;*
*Une la intención al gusto que nos conduce:*
*Y que nuestra unidad sea en todo momento la antorcha de tu alma.*
*Aumentaremos tu belleza sin temor a la culpa.*

Todo esto y mucho más lo podemos aprender gracias a las canciones y, por supuesto, hay decenas más de ejemplos relacionados con el grado de aprendiz que podrían estar en este artículo, pero que no apresen por razones obvias de espacio. Queda así abierto un espacio a una investigación más profunda sobre la relación musical de este grado masónico que resulta interesante a todas luces. Espero que estos ejemplos hayan abierto el apetito de aquellos masones y masonas interesados en profundizar algo más en el rico mundo de la relación entre masonería y música. Desde luego, el mío ha quedado abierto.

Antonio de Diego González es profesor de Historia de la Filosofía en la Universidad de Málaga. Sus investigaciones han estado encaminadas a la historia intelectual islámica, la mística comparada y la filosofía de la religión. Está interesado también por la historia del esoterismo occidental y de la masonería. En este campo desarrolla sus investigaciones como miembro de ESSWE (*European Society for the Study of Western Esotericism*) y de ENSIE (*European Network for the Study of Islam and Esotericism*). Es autor de más de medio centenar de publicaciones científicas entre las que destacan *Ley y Gnosis. Historia intelectual de la tariqa Tijaniyya* (Editorial Universidad de Granada, Granada, 2020) y una nueva edición y traducción al español de *El Corán* (Almuzara, 2024). Con Masónica ha publicado en 2024 una nueva edición crítica y traducción comentada de *Masonería Egipcia* del Conde de Cagliostro.

# EL APRENDIZ EN *MASONERÍA EGIPCIA* DEL CONDE DE CAGLIOSTRO

*Antonio de Diego González*

## Introducción

A raíz de la reciente publicación de la edición de *Masonería Egipcia del Conde de Cagliostro*[1], en la cual edito el Ms. 6666 de la Biblioteca Municipal de Lyon, se nos hace posible indagar un poco más sobre los grados de aprendiz de la logia egipcia y de la aprendiz de la logia de adopción.

Constituido, hacia finales del siglo XVIII, como un sistema de altos grados, *Masonería Egipcia* fue un proyecto personal de Cagliostro para trabajar en un escenario donde convergía la masonería continental, la alquimia y el ocultismo frente a la ciencia moderna y la ilustración. Una suerte de representación simbólica, y un tanto espectacular, de lo que en otro tiempo era un *ars hierática*, un arte sagrado. Es una lectura atenta que sorprenderá al lector por la riqueza de los símbolos, de la narrativa ritual, por la adaptación de los elementos de otras obediencias y ritos[2], además de un enorme uso de la imaginación activa que fomenta en el iniciado una nueva percepción de los símbolos de la Orden. Representa, asimismo,

---

[1] Cagliostro, A. *Masonería Egipcia del Conde de Cagliostro*. Edición crítica, traducción y notas de Antonio de Diego González. MASONICA, 2024.
[2] Véase en el estudio introductorio el apartado «Las relaciones, influencias y divergencias con otros ritos masónicos» en *Masonería Egipcia*, pp. 42-55.

un estímulo para el interesado en aquel saber *underground* que quedó desmerecido en la historia de la filosofía. Es una lástima que C.G. Jung nunca hubiera conocido este texto, pues, sin lugar a duda, le habría fascinado como ejemplo de imaginación alquímica.

Sin embargo, el rito tuvo un desmerecido destino propiciado por una parte por la ignorancia exhibida por muchos ante la obra del Conde de Cagliostro y, por otra, por un lesivo espíritu moderno que cuestionó espacio de reconexión con la tradición. Cagliostro y su rito han sido ridiculizados, a menudo, por quienes no comprenden el horizonte simbólico en el que este rito masónico opera. Mas, sin duda alguno, este texto ha llamado la atención de muchos. Por ejemplo, de este modo lo describía Rene Guénon en *Études Traditionelles* tras leer los fragmentos que publicó Papus y el trabajo seminal de Marc Haven:

> Se trata en suma de un «sistema» de altos grados como hubo tantos en la segunda mitad del siglo XVIII, y su división en tres grados, presentando una especie de paralelismo con los de la Masonería simbólica, procede de una concepción de la que se podrían encontrar otros ejemplos. Apenas es necesario decir que, en realidad, no hay ahí nada de «egipcio» que pudiese justificar su denominación, a menos que se considere como tal la pirámide que figura en ciertos cuadros, sin que por lo demás se dé la menor explicación con respecto a su simbolismo. Incluso no aparecen aquí algunas de esas fantasías pseudo-egipcias que se encuentran en otros Ritos, y que, hacia esta época fueron puestos sobre todo de moda por el *Séthos* del abate Terrasson; en el fondo, las invocaciones contenidas en este Ritual, y especialmente el uso que se hace de los Salmos, así como los nombres hebreos que aparecen, le dan un carácter claramente judeocristiano. Lo que presenta naturalmente de más particular, son las «operaciones», que podría ser interesante comparar con las de los Elegidos Cohen: el fin que encaran es aparentemente semejante, pero los procedimientos empleados son diferentes en muchos aspectos. Hay ahí alguna cosa que parece venir sobre todo de la «magia ceremonial», y que, por el papel que ahí juegan los «sujetos» (los niños designados con el nombre de «Palomas» [or. *colombe*]), se emparenta también con el magnetismo; sin duda, desde el punto de vista propiamente iniciático, todo ello podría dar lugar a bastante graves objeciones. Otro punto además que reclama algunas observaciones es el carácter de los grados femeninos: conservan en gran parte el simbolismo

habitual de la Masonería de adopción, pero ésta no representaba a decir verdad más que un simple simulacro de iniciación destinado a dar una apariencia de iniciación a las mujeres que reprochaban a la Masonería el desdeñarlas, y, de manera general, apenas era tomada en serio, estando limitada su función a cosas de orden totalmente exterior, tales como la organización de fiestas «semiprofanas» y la ayuda aportada a las obras de beneficencia. Al contrario, parece que Cagliostro haya tenido la intención de conferir a las mujeres una iniciación real, o al menos lo que él consideraba como tal, puesto que las dejaba participar en «operaciones» totalmente parecidas a las de las Logias masculinas; hay ahí no solamente una excepción, sino también en tanto que se trata de un Rito masónico, una verdadera «irregularidad».[3]

Guénon explica a la perfección lo que podemos leer en los diversos manuscritos que han sobrevivido al proceso inquisitorial contra su fundador, el Conde de Cagliostro, y que se hallan dispersos en diferentes bibliotecas europeas.[4] Lo que, sin duda, llama la atención es la forma con la que Cagliostro redacta un rito que nos introduce en el pensamiento neoplatónico y hermético, reactualizando distintos elementos masónicos para un hombre y una mujer claramente insertas en la modernidad y la ilustración. Y hay otro elemento que sorprende en el texto de Guénon y es la afirmación de que se conceden iniciaciones reales a la mujeres que son admitidas en las logias de *Masonería Egipcia*, aunque se llamen «de adopción». En efecto, este rito presenta una auténtica experiencia iniciática para la mujer con un fascinante trasfondo hermético que irá descubriendo tras las diferentes ceremonias que componen el rito.

En este sentido, se trata de un rito con una gran carga o inspiración gnóstica. La gnosis no se otorga por una transmisión racional, sino por un conocimiento que desciende directamente al espíritu o a la psique en la contemplación de los trascendentales. Su fuerza estriba en ser una expe-

---

[3] Guénon, R. *Obras completas: Estudios sobre la Masonería*. Vol. XIX. Ed. Javier Alvarado. Ignitus – Sanz y Torres, Madrid, 2003. pp. 295-297.

[4] De las cuatro versiones que sobreviven del ritual, dos Grandes Logias, la de Escocia (la copia original de C. Morison) y la de Inglaterra (una copia del manuscrito completo de Lyon traducido al inglés por G. F. Irwin), guardan copias de este manuscrito, mientras que las restantes se encuentran en la Biblioteca Municipal de Lyon (Ms. 6666 y 6871). Además, hay una versión íntegramente dedicada a la Logia de Adopción bajo la signatura Ms. FM4 78 en la Biblioteca Nacional de Francia.

riencia integradora desde la ontología, más allá de la moralidad humana. El hermetismo operaba desde la asunción de que hay una palabra sagrada (hieros logos) que es capaz de armonizar la vida con la naturaleza. La alquimia aquí se presenta en su faceta operativa y la teúrgia en una versión ritualizada. Es importante separar estos aspectos porque, en mi opinión, nos encontramos en *Masonería Egipcia* con ambos, algo que, por ejemplo, no era tan explícito en autores antiguos. Esto se debe a que el esoterismo moderno generó tres formas de aproximarse a este fenómeno: la mística o contemplativa, más cercana a los planteamientos de Saint-Martin; la teúrgica que fundamenta la mayoría de los textos de magia moderna y grimorios (Agrippa, *Claviculas de Salomón*, *Le Petit Albert*, etc.) además de algunas praxis como las de Martinès de Pasqually; y, finalmente, la alquímica que trabajaba de un modo más operativo desde Zósimo de Panópolis y que ya, al final del siglo XVIII fue sobrepasada por la química positivista. Las tres vías buscaban el *mysterium coniunctionis* o reconciliar lo múltiple en la unidad, la posibilidad de romper espacio y tiempo, reintegrando al ser humano tras la caída ya fuese a través de la visión, de la acción e interacción con los seres celestes o de la realización del *Opus Magnum* a través del hallazgo de la piedra filosofal. Este proceso siempre es un devenir del caos al uno-completitud tras la vivencia en la multiplicidad. Es lo que hoy en día llamaríamos la inmortalidad: pervivir más allá de la materia, espacio y tiempo.

A diferencia de los ritos que se suelen practicar en la actualidad, *Masonería Egipcia* de Cagliostro no se trabajaba en tenida ordinaria, sino que, por lo que ha sobrevivido documentalmente, sabemos que el zénit del trabajo masónico eran las ceremonias de recepción y, posteriormente, el trabajo en la cámara correspondiente bajo la supervisión de los grados superiores. Como si de una «comunidad» se tratara, trascendiendo la fraternidad para lograr algo más allá. Y ¿con qué objetivo? Sin duda, el de adquirir conocimiento hermético y alquímico que permita, una vez alcanzada la maestría, acceder al proceso de regeneración de la materia y el espíritu tras la ceremonia de los cuarenta días.[5] Este es el anhelo y la promesa simbólica del sistema de Cagliostro, una vida eterna en la tierra.

---

[5] *Masonería Egipcia*, pp. 261-265,

## EL APRENDIZ EN *MASONERÍA EGIPCIA*
## DEL CONDE DE CAGLIOSTRO

## Algunas generalidades administrativas sobre los aprendices de *Masonería Egipcia*

Tanto el aprendiz de logia egipcia —denominación del iniciado masculino— como la de la logia de adopción —iniciada femenina— comparten algunas características comunes. Nos han sobrevivido los catecismos de los cuales los más completos de este grado los encontramos en el Ms. 6666 de la Biblioteca Municipal de Lyon.[6] También tenemos *Los Estatutos y Reglamentos* que encontramos en el manuscrito ya citado y el mismo material destinado a la aprendiz, además del anterior, en el Ms. FM4 78 que contiene el relativo a la logia de adopción.

Sabemos, por ejemplo, por los *Estatutos y Reglamentos* que los aprendices de *Masonería Egipcia* eran maestros masones, incluso ya exaltados en otros sistemas de altos grados, lo cual se nos explicita en los estatutos de la siguiente forma:

4.º Quien aspire a conocer los misterios de la alta masonería egipcia habrá sido, previamente, recibido como masón en una logia del rito ordinario, y justificará por los certificados de sus maestros que ha merecido obtener los grados de aprendiz compañero y maestro y maestro elegido.[7]

Por el mismo texto podemos inferir que los ritos simbólicos de proveniencia de los miembros de *Masonería Egipcia* eran el Rito Francés y la Estricta Observancia Templaria, el rito en el cual se había iniciado Cagliostro en masonería.

A diferencia de la versión masculina del rito, que requería veinticinco años cumplidos, la edad de iniciación es más temprana por tratarse de un rito de adopción. La edad de iniciación masculina se regula en el artículo 6.º de los *Estatutos y Reglamentos*.[8] Mientras que en los *Estatutos y Reglamentos de la Masonería Egipcia de Adopción* encontramos en el artículo 9.º: «En vano vos esperaréis frutos de una planta joven; conced el grado de aprendiz solo a quien haya cumplido veintiún años; que las virtudes tempranas rediman algunos años, pero que la madurez de la edad

---

[6] *Masonería Egipcia,* pp. 100-128 (aprendiz logia egipcia) y 223-229 (aprendiz logia de adopción).

[7] *Masonería Egipcia,* pp. 173-174.

[8] *Masonería Egipcia,* p. 174.

no supla jamás a la del espíritu».[9] Siendo la redacción del artículo prácticamente idéntica a la masculina difiriendo, como vemos, en la edad de iniciación.

Si proseguimos en la lectura de los artículos nos encontramos que Cagliostro propone en el artículo 11.º una «refundación de la masonería», planteándose como una reafirmación del espíritu original frente a los otros sistemas de altos grados.[10] Así encontramos que el profano necesita la masonería simbólica para mejorarse y avanzar, mientras el masón necesita la masonería egipcia para regenerarse y llegar al conocimiento completo. En este sentido estaría próximo al ideal de la orden de los caballeros *Élus Coën* de Martinès de Pasqually. Y en él, el aprendiz es aquel que tras iniciarse permanece cinco años trabajando —desde un sentido simbólico— en la docilidad y el estudio, desmontando los mitos que la masonería moderna ha proyectado en la Orden.

Resulta interesantísimo que toda la masonería iluminista, desde los *Élus Coën* hasta el RER, pretende abolir el proyecto moderno y sus vicios simbólicos apelando a la pureza de la tradición original masónica. Y como en el caso de la orden fundada por Martinès de Pasqually las mujeres podían ser iniciadas y disfrutar de los mismos derechos que sus hermanos, pretendiendo transformar la caída en un camino de reintegración del ser humano en la divinidad.

También, administrativamente, por los *Estatutos y Reglamentos* sabemos que los aprendices tenían un taller a la izquierda del templo (art. 15.º)[11] y la cámara de aprendiz ser reunían cada siete semanas con un número no mayor a 72, emulando la cifra del Gran Sanedrín del Templo de Jerusalén (art. 21º sin numerar en el original).[12] De este punto podemos inferir que no se habla de tenidas sino de reuniones, con lo cual es un trabajo específico del grado.

Por la corta vida del rito de Cagliostro, apenas diez años de operatividad, no podemos determinar cuánto de esto fue totalmente de efectivo y

---

[9] Cf. Ms. FM4 78, fº5r.
[10] « En la pureza primitiva de la Masonería, no había más que tres grados. Vosotros reconoceréis y sostendréis tan solo tres: el de aprendiz, el de compañero y el de maestro». Cf. *Masonería Egipcia*, p. 175.
[11] *Masonería Egipcia*, p. 176.
[12] *Masonería Egipcia*, p. 176.

cuanto de esto es un boceto teórico para implementarlo, posteriormente, en un desarrollo más profundo del rito. Siendo esta una de las grandes incógnitas sobre este sistema de altos grados.

## Un comentario simbólico al grado de aprendiz de logia egipcia y de logia de adopción egipcia

Los catecismos, como en todos los ritos de esta época, son el mejor testimonio para comprender el rol simbólico del rito. Diseñados para facilitar la formación del iniciado o la iniciada, el catecismo nos introduce a los secretos del grado. Se trata de un juego de preguntas como es usual, pues el rito de *Masonería Egipcia* es una experiencia viva y performática. Por eso, se concibe como una ceremonia oral y el libro donde se halla el catecismo, como una revelación, solo se puede leer en espacio sagrado estando el mismo guardado bajo custodia de los oficiales de la logia. En este rito la ceremonia es en dónde en lectura del catecismo se le «descubre la realidad» al aprendiz. El orador es quien tiene el *logos* escrito como guardián de la ley y el derecho de «hacer real» lo que el Gran Copto ha otorgado a la logia. Cagliostro evoca aquí la práctica acusmática de los antiguos filósofos griegos neopitagóricos y neoplatónicos, en la cual solo se puede transmitir las enseñanzas de maestro a discípulo oralmente y a su oído. El *logos* es un elemento sagrado que debe ser custodiado y que ningún profano debe tocar.

Simbólicamente, el aprendiz de logia egipcia proviene de «lo profundo del Oriente»[13] porque ya son maestros masones y su lugar simbólico en logia es allí, aunque en su nuevo camino profundizarán más a través de este rito que tiene un sentido hermético y alquímico, algo que no habían podido ni ver ni experimentar en sus ritos simbólicos. Esta es, claramente, una contra respuesta al catecismo de los incipientes ritos de matriz franceses y escocesa, como el de la Logia Madre Escocesa de Avignon (1774).[14] La aprendiz, sin embargo, proviene de «las profundidades de Occidente»,[15] dándosele así el mismo rango a la aprendiz de la masonería

---

[13] *Masonería Egipcia,* p. 100.
[14] Cf. *Rituales Franceses,* p. 224.
[15] *Masonería Egipcia,* p. 222.

de adopción que al aprendiz masón en logia simbólica, presuponiendo que la recipiendaria no ha recibido iniciación en otro rito y que este es su primer tránsito iniciático pleno.

Hay también, en el aspecto simbólico, una relectura, y por tanto reescritura, de la historia de la Orden masónica a la pregunta del aprendiz:

> ¿Acaso es posible que la masonería ordinaria pueda dar una idea de estos sublimes misterios, pues hace treinta y tres años que soy masón, que recorrí todos los grados, y que, durante este largo espacio de tiempo, ni siquiera sospeché lo que habéis tenido en gracia decirme? Yo nunca he considerado la masonería más que como una sociedad de personas que se reunían solo para divertirse y que, para estar más unidos, habían adoptado signos y un lenguaje particular. Hacedme digno, con vuestras luminosas interpretaciones, para descubrir esta meta sólida y verdadera que vos me anunciáis.[16]

Esta pregunta es, de nuevo, una crítica a la masonería simbólica, e incluso a los altos grados franceses, por no ahondar en los aspectos profundos de la filosofía natural y contentarse con un conocimiento más social. Y ante esto responde el aprendiz:

> Encantado estoy con la sublime interpretación que me acabáis de dar de las ceremonias masónicas y del cuadro de logia, pues nada me parece más evidente ni más magnífico. Y veo que no era posible abusar más completamente del establecimiento más serio, más respetable, de lo que lo han hecho nuestros actuales llamados masones: del objeto más sagrado e instructivo, habían hecho la más ridícula comedia, y de la verdad más interesante que una vana e infantil ilusión.[17]

Así, se muestran detalles muy interesantes como el presentar su edad simbólica de 33 años como ocurre en el grado de Gran Príncipe Rosacruz del Rito Francés y Caballero Rosacruz del REAA.[18] En el Ms. 6871 también aparece la referencia a los 33 años[19], mientras que en el otro manus-

---

[16] *Masonería Egipcia*, pp. 108-109.
[17] *Masonería Egipcia*, p. 115.
[18] Cf. *Rituales Altos Grados REAA*, p. 248.
[19] Ms. 6871, ff° 39-40.

crito de referencia, el de la Gran Logia de Escocia, no aparece en el catecismo esta referencia a los 33 años, sino a la edad profana de 50 años.[20]

Así se rehace toda la narrativa masónica a la manera de Martinès de
Pasqually. Así, Cagliostro clarifica en este párrafo que la masonería simbólica es tan solo un paso inferior para encontrar el auténtico sentido de
la masonería. De esa forma, la reinterpretación del mito masónico en esta
clave. La aparición de Enoc y Elías[21] le aportan el rol revelado e iniciático
en tanto ambos personajes hicieron un «viaje celeste», rompiendo las leyes del tiempo y el espacio. El resto de la narración es confusa, pero se
aprecia a un patrón emanatista como si fuera un esquema neoplatónico y
además responde a la estructura administrativa que Cagliostro dispone
en su rito. Igualmente, la introducción del mito templario en la *Masonería
Egipcia* se debe, muy probablemente, a los discurso del Caballero Ramsey
y las doctrinas de la Estricta Observancia Templaria en las que se inició el
propio Cagliostro. Como la mayoría de la masonería esotérica de su época, *Masonería Egipcia* acaba tomando partido por un modelo mítico escocés y, políticamente, por el legado jacobita frente al orangista. Tanto que
estas masonerías comprenderán que la práctica del rito les acerca a la religión adámica u original.

Por su parte, también se rehace la narrativa masónica para la aprendiz
de adopción desde la reinvención de la leyenda de grado de aprendiz.
Aparece aquí de forma más explícita el problema de la caída espiritual, la
prevaricación, del ser humano. La mujer tiene que comprender cuál es su
naturaleza dentro del ciclo alquímico y así lo podemos leer en el texto:

> P: ¿Qué significa el árbol con una serpiente que sostiene una manzana?
>
> R: Es el árbol de la vida del paraíso terrestre del que os habla la Sagrada
> Escritura: su fruto, representado por la manzana, es el agente universal
> que llamamos materia prima.[22] El hombre, por su orgullo, ha perdido el

---

[20] «Puisqu'il y a 50 ans que je suis franc-Maçon, que j'en ai parcouru tous les grades et
que pendant ce long espace de temps, je n'ai pas même soupçonné ce que vous me fai-
tes la grâce de me dire» [pues llevo cincuenta años de francmasón en los que he recorrido todos los grados y durante este espacio tiempo, ni siquiera sospechaba lo que vos
tenéis la gracia de decirme]. Ms. Gran Logia de Escocia, f°. 38.

[21] *Masonería Egipcia*, p. 110.

[22] Es muy interesante —quizás tomado de Dom Pernety, fundador del rito alquímico de
Aviñón— que Cagliostro relacione a la materia prima/piedra filosofal con el fruto del

conocimiento y el uso de este fruto; pero solo de él depende recuperar esta pérdida.[23]

Es muy interesante —quizás tomado de Dom Pernety, fundador del rito alquímico de Aviñón— que Cagliostro relacione a la materia prima/piedra filosofal con el fruto del árbol del bien y el mal, representado aquí por una manzana, como un elixir que es capaz, en la dosis justa y el beneplácito de Dios, de conceder la inmortalidad y romper las leyes físicas (espacio y tiempo). Se presenta también la variable de la prevaricación primordial. Esto ha sido enfatizado en la ceremonia de recepción, a partir del discurso que la Maestra (*Maitresse*) da tras consagrar la recipiendaria. Aquí la aprendiz comprende que la caída era necesaria para alcanzar algo mayor.

Mientras el mito fundacional de la masonería simbólica se incardina en torno a la construcción Templo de Salomón y en *Masonería Egipcia* al descubrimiento del conocimiento secreto de Salomón, en la *Masonería Egipcia* de adopción se prensenta en la iniciación la Reina de Saba en los misterios de Salomón y, por ende, de la antigüedad espiritual. La narración es sui géneris y no hay un relato similar en los textos masónicos, pero, como bien advertía Guénon, sirve para introducir a la mujer, por primera vez en la masonería especulativa, en un espacio iniciático con igualdad de condiciones. Así, la narración es una mezcla del mito la caída expuesto en el libro del *Génesis*, de las lecturas iluministas de la época y de un trasfondo alquímico.

De hecho, es en este punto cuando se comprende el sentido de la gran operación alquímica, liberadora y transformadora, que entraña el rito de adopción y su complementariedad con todo el proyecto de Cagliostro. Y sobre todo presentando el enfrentamiento entre la Reina de Saba y Kalaipso. Esta representa a una versión adaptada de la Calipso homérica. Según la narración mitológica era una ninfa, hija del titán Atlas, que retuvo a Odiseo durante siete años. Cagliostro la presenta, frente a la virtud

---

árbol del bien y el mal, representado aquí por una manzana, como un elixir que es capaz, en la dosis justa y el beneplácito de Dios, de conceder la inmortalidad y romper las leyes físicas (espacio y tiempo). Se introduce también la variable de la prevaricación primordial Véase. Martinès, *Traité*, §43 y Saint-Martin, *De l'Esprit des Choses*, p. 56-61.
[23] *Masonería Egipcia*, p. 227.

de la Reina de Saba, como el conocimiento egoísta, es decir, el mundo pagano (grecolatino) frente al mundo creyente (semita) desde la propia lógica iluminista.

La idea fuerza que rige el catecismo masculino es que el aprendiz del rito egipcio de Cagliostro comienza el proceso de purificación que coincide con el desbastado de la piedra y la muerte del ego del aprendiz. Pues la piedra cúbica, perfecta y sin ego, se convierte en el puñal con el cual asesinar al maestro. El asesinato de maestro, según la leyenda de tercer grado simbólico, es precisamente el surgimiento de un nuevo maestro y, a la vez, asesino —según lo vivido ambiguamente por el recipiendario en los rituales de elevación a 3º en las logias simbólicas— a través de la resurrección. Así, tras asesinar a Mercurio comienza a trabajar la materia en clave alquímica —lo que en otros en la clase simbólica se llama «trabajar la piedra bruta»— bajo las aparentes enseñanzas de «filósofos antiguos» como Hermes Trimegistos, Basilio Valentín, Arnau de Vilanova o Ramon Llull. Pues el cadáver de Mercurio o Hiram es el cuerpo que va a transmutar, se encadena o se vigila (como en el ritual de logia simbólico) para que no devenga en locura de quien no está preparado para comprender el proceso. El proceso de esa resurrección en siete pasos alquímicos hasta que se consuman las bodas alquímicas y surge la piedra triangular, la pluscuamperfecta, que representaría el *Opus Magnum* (Gran Obra) o la unión de los opuestos.

Poco después, el maestro le hace saber que hay trascender los nombres de esos alquimistas famosos, pues sus nombres pueden ensombrecer los descubrimientos del iniciado en la masonería egipcia.[24] Los nombres, la fama y el prestigio son peligrosos en un camino alquímico que oscurece su camino, porque forman parte de la vía del ego. Este camino hermético propone una progresiva búsqueda de la naturaleza primordial en la que el ser humano se enfrenta a su mortalidad y mundanidad: «Habiendo degenerado el hombre por la prevaricación que hizo de este gran poder, Dios le privó de esta superioridad, haciéndole mortal, privándole incluso de la comunicación con estos seres celestiales».[25]

---

[24] *Masonería Egipcia*, p. 106.
[25] *Masonería Egipcia*, p. 117.

## EL APRENDIZ EN *MASONERÍA EGIPCIA* DEL CONDE DE CAGLIOSTRO

Para ello se le ofrece el *art* (arte [esotérica]), con la que Cagliostro denomina las operaciones teúrgicas y alquímicas del rito de Masonería Egipcia. El término proviene de la idea de *ars* como ciencia y aparece en los principales tratados ocultistas y esotéricos de la época como, por ejemplo, *ars goetia* o *ars alchimica*. Con «instrumentos del ars» —que aparecen en el catecismo — se refiere al instrumental simbólico (palustre o llana, el compás) y operativo (el cuchillo, la espada y el pergamino de vitela) —normalmente ya ritualizado— que se utiliza en diversas ceremonias. Hay que hacer notar que los significados de operativo y simbólico están invertidos en *Masonería Egipcia*, al ser este un rito teúrgico lo operativo en masonería es simbólico (útiles de construcción) y lo simbólico es operativo para la teúrgia (espadas, cuchillos, paño sérico, manuscritos, etc.).

Los planteamientos sobre filosofía natural de todos estos, tanto del hombre como de la mujer, se plasman en los emblemas y las metodologías de la orden, además de la filosofía sobrenatural revelada de Salomón y la Reina de Saba. Son estos caminos los que ayudan al ser humano, al mortal, a comunicarse con los seres divinos[26] y recordar su naturaleza primordial sin incurrir en prevariación, superstición o idolatría.[27]

## ¿Y qué pretende el aprendiz?

Pues indudablemente progresar y conocerse a sí mismo. El aprendiz en *Masonería Egipcia* explora una parte compleja de sí, debe matar a sus maestros y comenzar a trabajar el *ars* en el laboratorio. El cuestionarse el conocimiento de los grados simbólicos, rompiendo con lo enseñado pone al nuevo aprendiz en una situación delicada, pues es invitado a reescribir su propia memoria. El maestro ya no es maestro y aun viniendo de las profundidades del Oriente, le queda mucho por trabajar. La aprendiz, antes una dama libre y de buenas costumbres, tiene ante sí una nueva imagen de ella como mujer, pero también como ser humano que espera reintegrarse en el absoluto.

El autodescubrimiento en el camino a la autognosis es uno de los ejercicios —desde mi punto de vista— más complejos que se pueden plantear

---

[26] *Masonería Egipcia*, pp. 119-120.
[27] *Masonería Egipcia*, pp. 124-125.

esotéricamente. Por eso, todo el grado de aprendiz corresponde con una etapa alquímica de *nigredo*, es decir, de putrefacción dónde comienza el cambio alquímico. Se trata de un cambio complejo y oscuro, lleno de sometimiento y reaprendizaje hasta que se otorgue el dictamen que los llevará a pasar de cámara y, por tanto, de grado. Pero como deja claro el texto de *Masonería Egipcia* ese no es el objetivo de un masón egipcio, sino la posibilidad de coronar la Gran Obra. Y es así, de esta forma, como concluye Cagliostro el catecismo del grado de aprendiz:

> Esto es todo lo que puedo deciros sobre lo que ocurrió en mi presencia. Yo vi preparar y purificar a los mortales en diferentes ocasiones, comenzando por la invocación a Dios, disponiendo masónicamente el santuario y, por último, revistiendo al recipiendario con un hábito talar. Luego, tomando los atributos en su mano derecha, consiguió coronar la Obra haciendo aparecer a las personas que he mencionado anteriormente. No puedo añadir nada más que desearos tanta satisfacción como la que yo mismo he experimentado, así como a los hermanos que presenciaron como yo estos prodigios. Yo os juro a vos sobre el nombre del Gran Dios que todo lo que os acabo de comunicar en el presente catecismo es la más grande de las verdades.[28] ⚒

# Referencias

Cagliostro, A. *Rituel de la Maçonnerie Egyptienne*. Ms. 6666. Bibliothèque municipale de Lyon, Lyon, 1785.

Cagliostro, A. *Masonería Egipcia del Conde de Cagliostro*. Edición crítica, traducción y notas de Antonio de Diego González. Masónica, Oviedo, 2024.

Cagliostro, A. *Rituel de la Haute Maçonnerie Égyptienne*. Ms. 6871. Bibliothèque municipale de Lyon, Lyon, 1785.

Cagliostro, A. *Rituel de la Maçonnerie Egyptienne*. Ms. Morison. The Grand Lodge of Scotland Museum and Library, 1789.

Cagliostro, A. *Statuts, Réglements et Grades de la Loge Mère d'adoption de la Haute-Maçonnerie. Égyptienne fondé pour le Grand Cophte (Cagliostro) al'Orient de Paris*. Ms. FM4 78. Bibliothèque Nationale de France, Paris, ca. 1800. Disponible en formato digital en: https://gallica.bnf.fr/ark:/12148/ btv1b10868160b

---

[28] Masonería Egipcia, pp. 126-127.

Guénon, R. *Obras completas: Estudios sobre la Masonería*. Vol. XIX. Ed. Javier Alvarado. Ignitus – Sanz y Torres, Madrid, 2003. pp. 295-297.

Martinès de Pasqually, J. Traité sur la réintegration des êtres. Ed. Robert Amadou. Le Temblay, Difussion Martiniste, 2000.

*Rituales Franceses* (1740-1825). Ed. bilingüe francés-español. Pardes, Barcelona, 2016.

*Rituales de Altos Grados del Rito Escocés Antiguo y Aceptado (Grado 4º a 33º)*. Ed. Josep-Lluís Domènech Gómez. Masónica, Oviedo, 2018.

Saint-Martin, L. C. *De l'Esprit des Choses*. Ed. Robert Amadou. Olms Verlag, Hildesheim, 1990.

# MASONERÍA
# EGIPCIA
### DEL
# CONDE
## DE CAGLIOSTRO
MS. 6666

Edición de
Antonio de Diego González

MASONICA

Licenciado en Derecho y Filosofía, Doctor en Filosofía, especializado en Neoplatonismo y Hermetismo.
Es profesor de Filosofía Oriental, Hinduismo y Budismo, formador de profesores de Yoga, también im-
parte clases de Yoga y Meditación. Fue miembro del
Lectorium Rosicrucianum y conferenciante de la
Fundación Rosacruz, donde fue fundador y bibliote-
cario de la Biblioteca Rosacruz en Barcelona. Fue
miembro de la Sociedad Teosófica y de la Respetable
Logia Arca de Europa, de la Orden de la Estricta Observancia Templaria. En la actualidad es miembro y
fundador de la Respetable Logia Porta de Denderah
número 84 de la Gran Logia Simbólica Española,
donde trabaja el Rito Antiguo y Primitivo de Menfis
Misraim. Es autor del libro *Contradicciones de un
yogui occidental* de Editorial Kôan.

# ADHUC STAT
## EL CUADRO DE APRENDIZ DE LA ORDEN DE LA ESTRICTA OBSERVANCIA TEMPLARIA

*Juan Almirall Arnal*

Cuando hablamos de la Orden de la Estricta Observancia Templaria nos referimos a dos fenómenos diferenciados en el tiempo:

1. Por un lado a la Orden fundada por el Barón von Hund en Kittlitz (Alemania) el año 1751 y disuelta o mejor dicho Rectificada en el año 1782 en el Convento de la Orden de Wilhelmsbad, dando lugar al Régimen Escocés Rectificado que ha llegado hasta nuestros días.

2. Y por otro, la Orden de la Estricta Observancia Templaria creada en 1995 en Occitania (Francia), por un círculo de estudiosos que recuperaron los rituales alemanes originales y decidieron restaurar la Orden.

Por tanto, hay dos fuentes interpretativas de los rituales y formulismos del Rito de la Estricta Observancia Templaria, el Régimen Escocés Rectificado (RER) y la moderna organización, cuyos rituales son fruto del estudio y de la recuperación histórica. En el primer caso, hay que expurgar los rituales del RER del componente martinista[1] fruto de la Rectificación, y en el segundo caso siempre tenemos las dudas de la originalidad de los rituales recuperados por los fundadores de la nueva versión de la Orden.

---

[1] Con el nombre de Martinismo se conocen las doctrinas teosóficas del místico francés Joachim Martinès de Pasqually, fundador de la Orden de los Elús Cohen, a la que perteneció el principal artífice de la Rectificación de la Orden de la Estricta Observancia Templaria, el francmasón francés Jean Baptiste Willermoz.

## ADHUC STAT
## EL CUADRO DE APRENDIZ DE LA ORDEN
## DE LA ESTRICTA OBSERVANCIA TEMPLARIA

Lo cierto es que en el siglo XXI tenemos una Orden de la Estricta Observancia Templaria que intenta ser fiel a los orígenes y las particularidades organizativas de Orden original fundada por el Barón von Hund del año 1751 y el recuerdo de la misma en el RER.

## La Orden de la Estricta Observancia Templaria

Hablar de la Estricta Observancia Templaria es hablar de una Francmasonería del más puro estilo escocés. De hecho la moderna organización que lleva dicho nombre toma las formas del escocesismo más tradicional y crea un Rito Militar de gran pureza y sencillez que nos remonta a los orígenes históricos de la Orden y su filiación política.

Sin duda, como Francmasonería Escocesa que es, la Estricta Observancia Templaria también se inspira en las frases del Caballero Ramsay: «Nuestra Orden se unió íntimamente con los Caballeros de San Juan de Jerusalén. Desde entonces nuestras logias llevaron el nombre de Logias de San Juan en todos los países. Esta unión se llevó a cabo a imitación de los israelitas cuando construyeron el segundo Templo, mientras trabajaban con una mano con la llana y el mortero, llevaban en la otra la espada y el escudo»[2]. De hecho, pareciera que la Orden de la Estricta Observancia Templaria quiso hacer visible esta misma idea de una Francmasonería unida a la Orden de Caballería, vinculando la Orden Francmasona con la Orden del Temple. Y es a partir de esta idea que se construyeron las necesarias leyendas para explicar este maridaje. Así el Aprendiz francmasón se convertía en una aspirante a Novicio del Templo.

Por esta razón, el cuadro del grado de Aprendiz llevaba por título «ADHUC STAT» (todavía en pie) y en él se podía ver una columna partida, con un capitel por los suelos y una base sólida «todavía en pie», evocando a la Orden de los Templarios, que pese a ser destruida en su fuste y desmantelada, y aquí el detalle interesante, permaneció fuerte en su base, oculta en la Francmasonería[3]. La Estricta Observancia Templaria es un Ri-

---

[2] Discursos del Caballero Ramsay, MASONICA, 2018.
[3] Esta vinculación entre Masonería gremial y Caballería Templaria no es tan descabellada, pues los Gremios y la Orden del Temple nacen por la misma época y son ambas fruto de la Reforma del Císter.

to que se fundamenta precisamente en esta idea, la Orden Templaria se encuentra oculta en la Orden Francmasona, y sus tres primeros grados de Aprendiz, Compañero y Maestro son en realidad fases preparatorias para acceder al Noviciado y la Caballería Templaria. La gracia del Rito de la Estricta Observancia Templaria es precisamente la interpretación de los símbolos masónicos en clave Templaria. Se habla en los rituales de Jeroglíficos que ocultan su significado al Aprendiz.

La Orden se organiza en los siguientes grados básicos: Aprendiz, Compañero y Maestro, etapas en las que se muestran los Jeroglíficos pero se oculta su significado Templario, y los grados internos que comienzan con el Maestro Escocés, que es la antesala de la Orden del Temple, donde se revela el sentido de estos Jeroglíficos que se han observado durante los tres primeros grados masónicos. La Orden del Temple está formada básicamente por Novicios del Templo y Caballeros Templarios, con algunos grados organizativos como Priores, Grandes Maestres Provinciales y un Gran Maestre de la Orden, y durante algún tiempo, en la versión antigua del siglo XVIII existió una organización clerical de Canónigos y Capellanes, organizada por el reverendo Johann August von Starck, un pastor protestante que tuvo acceso a conocimientos esotéricos fundamentalmente del Hermetismo Rosacruz de su época, y que en la moderna Orden, este Clero Templario, está representado por una Estrella Flamígera de seis puntas con la letra G en el centro.

# ADHUC STAT
## EL CUADRO DE APRENDIZ DE LA ORDEN
## DE LA ESTRICTA OBSERVANCIA TEMPLARIA

## Logia militar de campaña

Como Francmasonería Escocesa tiene un marcado carácter militar y la Logia en realidad es una tienda de campaña, por tanto, de una gran sencillez, precisa de pocos elementos y es de una gran austeridad marcial. Como bien se sabe hoy en día, la Francmasonería Escocesa nace en Francia, donde los partidarios de la Casa Estuardo se habían exiliado y desde donde maquinaron los distintos intentos de restauración de dicha familia en el trono de Inglaterra y Escocia. Por tanto, era una Francmasonería marcadamente política, que buscaba partidarios para su causa. De ahí la necesidad de palabras de paso, signos secretos, santo y seña militar, así como otras fórmulas de secreto que pretenden preservar en una necesaria intimidad militar, bajo la amenaza de tremendas penas que le deparan al hermano que traicione el secreto masónico.

También el hecho de ser una Logia de campaña explica ciertos elementos simbólicos y ornamentales, como son las tres luces alrededor del Cuadro de Logia. Dado que estamos en una tienda de campaña sin ninguna arquitectura, la arquitectura simbólica del Templo la hemos de imaginar, por ello se transporta representada en un lienzo y se instala en el centro de la tienda rodeada por tres luces. No hacen falta pilares, ni pavimentos ajedrezados, ni escaleras, basta con tres mesas, sillas o bancos para los soldados francmasones y nueve lámparas, tres para alumbrar el Cuadro de Logia, dos para los Hermanos Vigilantes, una para el Hermano Secretario que debe levantar acta de las Tenidas y tres en la mesa del Maestro de Logia, donde se colocan las Sagradas Escrituras, bajo la escuadra, el compás y la espada. Con esto tenemos todo lo necesario para abrir los trabajos en las tres Cámaras de la Estricta Observancia Templaria.

El cuadro de Oficiales también es muy sencillo, está compuesto por el Maestro de Logia, los dos Vigilantes, un Orador, un Secretario, el Maestro de Ceremonias, que es quien enciende y apaga las nueve luces antes y después de abrir y cerrar los Trabajos, nunca durante los mismos, un Limosnero, un Hospitalario y un Intendente responsable del material de la Logia y de los banquetes. Todos los rituales tienen una marcada influencia Cristiana, por no decir Católica, al menos en la moderna Orden de la

Estricta Observancia Templaria, por lo que algunas oraciones cristianas se insertan en los rituales.

Todo esto nos retrotrae a la época del exilio de los escoceses en Francia y la conspiración contra la casa reinante en Inglaterra y Escocia que se concretó en varias revueltas, algunas de ellas muy sangrientas, que acabaron con la vida de muchos británicos partidarios de la Casa Estuardo, de entre los que se encontraban muchos francmasones del Reino de Francia. Sin embargo, la Orden de la Estricta Observancia Templaria alemana, fue fundada en el año 1751, cinco años después de la última gran derrota de los escoceses en la Batalla de Culloden (1746). Pero es precisamente tras esta fecha que en el Reino de Francia comienzan a proliferar los altos grados y sistemas de grados que se unificaron cincuenta años más tarde en el Rito Escocés Antiguo y Aceptado. La Orden de la Estricta Observancia Templaria ofrecía un régimen ordenado y claro, frente al caos inicial de sistemas y grados de la Francia borbónica.

## Orden militar solo para caballeros

Con el resto de la francmasonería escocesa de corte Jacobita, la Orden de la Estricta Observancia Templaria tenía una marcada tendencia elitista. Los escoceses buscaban a caballeros y gentilhombres para integrar las Logias de carácter militar. Un caballero recién iniciado recibe un mandil y unos guantes, pero el sombrero (tricornio) y la espada le son devueltos al final de su iniciación, dando a entender que el recién iniciado Aprendiz Francmasón ya era un caballero con sombrero y espada antes de iniciarse.

Y en la Logia todos llevan su mandil de grado y sus guantes blancos, pero también espada y sombrero. La antigua Orden del Temple se nutría únicamente de caballeros, de gentileshombres de armas, que tenían su armadura, su caballo y sus armas. De la Orden solo recibían un hábito pero no la espada, el caballero ya había sido armado antes de acceder a la Orden, por ello ningún plebeyo podía formar parte de la Orden del Temple, ni de la Estricta Observancia Templaria.

Es conocida de las Logias del Reino de Francia, siendo Gran Maestro de los Francmasones el escocés y jacobita Charles Radclyffe, quinto Conde de Derwentwater, la gran disputa que hubo sobre las diferencias entre caballeros y burgueses en el seno de algunas Logias escocesas y en particular por el hecho de llevar armas, a las que no tenían accesos quienes no formaban parte de la nobleza. A los francmasones jacobitas les interesaba captar a nobles militares más que a adinerados burgueses.

El Aprendiz francmasón en una Logia de la Estricta Observancia Templaria lleva su mandil blanco, sus guantes blancos, espada y tricornio, indicando nobleza de sangre. El mandil y los guantes del oficio de albañil y la espada del oficio de armas, pues desde el inicio del camino en la Orden, los miembros deben familiarizarse con la Caballería Espiritual que es en lo que culmina el proceso. Y que es lo que caracteriza a este Rito y nos permite encontrar sentido a muchos de los elementos de la moderna Francmasonería.

De hecho, los antiguos Rituales de la Orden eran muy simples, básicamente, con unas pocas frases y los tres golpes de orden se abren los trabajos en Cámara de Aprendices. Todo lo demás que se escenifica en los modernos rituales de apertura de Logia de los distintos Ritos modernos son añadidos bastante románticos, que en su mayoría proceden del siglo XIX. La clave para abrir la Logia en un determinado grado son un par de preguntas del Maestro de Logia a los Vigilantes, y tras confirmar la hora de apertura y que la Logia está cubierta, el Maestro da los tres golpes o los golpes de cada grado con los que se abren los Trabajos. El Maestro de Ceremonias ya ha encendido previamente las luces y todos los caballeros están en sus columnas esperando el comienzo. Esto es más o menos lo que se vive hoy en una Tenida de la moderna Estricta Observancia Templaria. El cierre no es más complicado, tras una oración y escuchar a las columnas, el Maestro pregunta la hora y si es la hora propicia da los tres golpes con los que la Logia queda cerrada. De hecho no hace falta nada más y bien mirado nuestros modernos rituales, escoceses, franceses, egipcios son meras decoraciones de estas simples acciones.

## Francmasonería y la Orden Templaria

El Ritual de la Estricta Observancia Templaria se construye sobre una Leyenda elaborada por el reverendo Johann August von Starck según la cual, en el año 1307, el Gran Maestre Provincial de Auvernia (Francia)

# ADHUC STAT
## EL CUADRO DE APRENDIZ DE LA ORDEN
## DE LA ESTRICTA OBSERVANCIA TEMPLARIA

Pierre d'Aumont y un grupo de caballeros consiguieron escapar del arresto, informados de los planes y maquinaciones del Rey de Francia y el Papa. Encontrándose entonces en la clandestinidad y para poder viajar sin problemas y sin ser molestados, se hicieron pasar por masones (albañiles), que disponían de patentes o licencias gremiales para poder viajar sin levantar ninguna sospecha, como antaño los Caballeros Templarios, milicia que dependía directamente del Papa y que no tenían que rendir cuentas a nadie. «Para que la Orden no fuera descubierta, d'Aumont propuso inventar y adoptar, a la manera de los masones de oficio, signos y palabras secretas que les permitieran comunicarse y reconocerse; y como se habían proclamado contra la voluntad de sus enemigos, libres y adoptado costumbres extranjeras, se declararon Francmasones y al comienzo desempeñaron realmente este oficio»[4].

La leyenda explica que el 18 de marzo de 1314 d'Aumont y ocho caballeros, disfrazados de albañiles, se reúnen en torno a las cenizas del Gran Maestre Jacques de Molay y con sus espadas apuntando al fuego juraron venganza y mantener viva la Orden mientras repetían la palabra secreta de los Maestros Francmasones. Tras reunir una fuerza de caballeros viajan a la Isla de Mull, en Escocia, por rutas secretas, aparentemente con parte de la flota Templaria que se encontraba en el puerto de La Rochelle[5]. Allí se encuentran con un reino en guerra contra Inglaterra, pues en el año 1306 Robert the Bruce se había proclamado Rey de Escocia y también había sido excomulgado por Roma tras el asesinato en una iglesia de su principal oponente, razón por la cual no tenía ninguna obligación de cumplir el mandato papal de perseguir a la Orden del Temple, es más, la Orden, o lo que queda de ella, que era la más potente fuerza militar de la época, puede servirle a sus propósitos.

Cuenta la leyenda que en la Batalla de Bannockburn, el grupo de Caballeros Templarios capitaneados por Pierre d'Aumont colaboró con las fuerzas escocesas logrando una gran victoria contra el Rey de Inglaterra y

---

[4] Kervella, André, El Barón Hund y la Estricta Observancia Templaria, Editorial Masónica, Oviedo, 2022, p. 219.
[5] Baigent, Michael & Leigh, Richard, Masones y Templarios sus vínculos ocultos, Martínez Roca Ediciones, Madrid, 2005, p. 87.

la independencia del Reino de Escocia. De todo esto no hay ninguna evidencia, solo algunas leyendas que se empalman para formar un misterio que resurge en el seno de la Francmasonería Escocesa en el Reino de Francia durante el siglo XVIII.

Tras la batalla la Orden del Temple desaparece para ocultarse en el anonimato de la Orden de los Francmasones de Escocia e Inglaterra. Estas leyendas vertebran el sentido oculto de un Rito que tiene por objeto el rescatar los valores éticos y espirituales de la Caballería Espiritual encarnados por la Orden del Temple. Sin embargo, en la Francia de los Borbones, hablar de los Templarios era todavía un problema, pues ponía en evidencia a la Corona que en su día los persiguió por motivos completamente ruines, algo que no se les escapa a los francmasones escoceses exiliados en Francia. El Caballero Ramsay presenta su discurso al Primer Ministro de Francia, el Cardenal Fleury, donde elude referirse a los Caballeros Templarios y habla, en su lugar, de los Caballeros de San Juan del Hospital (los Hospitalarios antagónicos de la Orden del Temple).

Por su parte, la Orden de la Estricta Observancia Templaria, que en Alemania no tiene ningún problema en proclamar su filiación Templaria, en Francia encontrará un duro debate sobre la legitimidad y veracidad de la patente fundacional y sus vínculos con la Casa Estuardo, que podrían validar tal filiación.

Abierto el debate sobre la continuidad de la Orden Templaria, miembros de la Estricta Observancia, como Joseph de Maistre (1753-1821), cuestionarán tal filiación en términos muy duros, justificando la necesidad de la Rectificación de la Orden, en lo que al Templarismo se refiere: "Parece, pues, que todo invita a hacer un divorcio completo con la orden de los Templarios. Todos los cambios planificados sólo demuestran aún más la necesidad del mismo. Porque, os pregunto, ¿no es una burla renunciar a los bienes, a la regla, al nombre y hasta al hábito de la orden, y sin embargo persistir en querer ser un Caballero Templario? Si se puede hablar con claridad, es al mismo tiempo pretender ser y no ser. En una palabra, si la masonería es sólo el emblema de los Templarios, (entonces) no es nada, y debemos trabajar en un nuevo plan. Si es más antigua (que la Orden del Temple), es una razón más para que los hombres abandonen las fórmulas vanas y dejen las palabras para las cosas». (Memorándum al duque de Brunswick, 1782).

Esta disputa terminará con la leyenda que daba sentido a un Rito, por lo que se hace necesario modificar la interpretación de los símbolos y jeroglíficos que inspiran el trabajo masónico. Para ello recurren a las doctrinas Martinista sobre la Reintegración del Hombre. Tras la Rectificación del Rito, la divisa del Aprendiz «ADHUC STAT» y la columna partida, de donde arrancaba todo el simbolismo de la Orden de los Templarios, pasa ahora a referirse a la caída del hombre y a la preservación de su naturaleza espiritual que debe ser reintegrada, entendiendo al ser humano como un templo que debe ser reconstruido. Este es el sentido que le da el Régimen Escocés Rectificado al Jeroglífico Templario de la columna que permanece todavía en pie.

## Los jeroglíficos

Con el nombre de Jeroglíficos se conoce en la Orden de la Estricta Observancia Templaria a todos aquellos elementos simbólicos de la Masonería Operativa que cuidadosamente seleccionados ocultan referencias a la Orden Templaria. De hecho este es el sentido del símbolo masónico, mostrar de forma velada ciertas informaciones relativas a la Orden de los Caballeros del Templo de Jerusalén. Por esta razón, la Francmasonería escoge la Leyenda bíblica del Templo de Salomón. En el Cuadro de Logia de los Aprendices de la Estricta Observancia Templaria se representa el Templo de Salomón, pues es donde los primeros Caballeros Templarios instalaron su Cuartel General en el año 1118, en un ala del mismo donde se encontraba el palacio de Balduino I, segundo rey de Jerusalén.

El Templo de Salomón se representa por una escalera de siete peldaños que conduce a una puerta cerrada franqueada por las dos grandes columnas, J y B, iniciales que a modo de jeroglífico hacen referencia al último Gran Maestre de la Orden Templaria, (J) Jacques de Molay y a su origen, el Franco Condado de (B) Borgoña. La puerta cerrada oculta la sede del Gran Capítulo de la Orden y donde se celebraba el Servicio Divino por los Canónigos de la Orden, que debían cumplir un noviciado de siete años.

# ADHUC STAT
## EL CUADRO DE APRENDIZ DE LA ORDEN
## DE LA ESTRICTA OBSERVANCIA TEMPLARIA

Frente a la escalinata del Templo se encuentran tres piedras, una bruta que hace referencia a la etapa inicial de la Orden del Temple, cuando todavía no estaba pulida, una piedra cúbica que alude a los años de esplendor de la Orden y una piedra quebrada que simboliza el final y la tribulación que tuvo que sufrir la Orden, así como su ocultación.

Nueve estrellas adornan el frontal del Templo que celebran a los nueve Caballeros que fundaron la Orden Templaria, y los nueve Caballeros que juraron vengarla, mientras que el compás, la regla, la escuadra, el nivel y la plomada, aluden a las herramientas que estos últimos Caballeros Templarios tuvieron que utilizar para ocultar la Orden y evitar su desaparición.

Estos son algunos de los Jeroglíficos o símbolos con los que el Ritual Masónico alude a un secreto mayor, que es la Orden del Temple la cual ha sobrevivido oculta y seguía en pie en el seno de la Francmasonería. Es esta leyenda misteriosa la que justifica y vertebra el Rito de la Estricta Observancia Templaria, que fue un Rito Escocés que compitió con los Ritos y sistemas de grados que proliferaron en el Reino de Francia durante la segunda mitad del siglo XVIII y que finalmente fueron agrupados en la Orden del Real Secreto y en el Rito Escocés Antiguo y Aceptado.

Juan Almirall

# Contradicciones de un yogui occidental

KŌAN

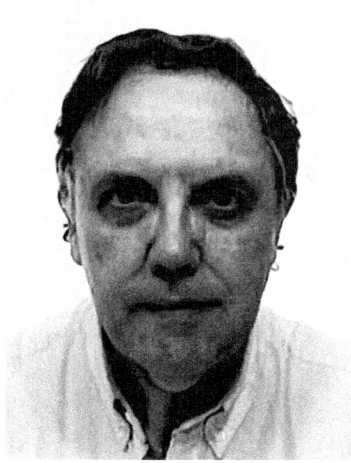

Gaston Clerc, Doctor Arquitecto al servicio del MISSM. Iniciado en la Gran Logia de España (GLE), en la RL Arquímedes; y Miembro fundador de varios Talleres simbólicos y filosóficos de diversos Ritos, donde ha ejercido como Venerable Maestro. Fue Gran Oficial provincial y nacional de la GLE; y, durante más de cinco años, Gran Secretario del Supremo Consejo del Grado 33º y Último del Rito Escocés Antiguo y Aceptado (REAA) para España. Desde enero de 2012, es el Gran Maestro de la Gran Logia Regular de España de Menfis-Mizraim (GLREMM), Soberano Gran Comendador de su Supremo Consejo, Presidente de su Soberano Santuario y Miembro del Soberano Santuario Internacional del Rito Antiguo y Primitivo de Menfis-Mizraim (RAPMM). Grado 33º del REAA; Grados 66º, 72º, 90º, 95º, 96º, 97º y 98º del RAPMM; CBCS; Caballero del Temple, de Malta, de Rodas y de Palestina; pasado Secretario Mundial de la OMI y actual Presidente de la OMI-OMMI (Gran Colegio Hermético de la Federación Internacional), en calidad de S∴I∴L∴I∴ (LI-VI); pasado Gran Maestro del Rito de Cerneau (2015) y de la Fraternité Hermétique de Louxor (2016-2019); Réau+; y Obispo de la Iglesia Gnóstica (IGE). Gran Hierofante del Rito (99º) y Gran Maestro Mundial en la Federación de Grandes Logias Regulares de Menfis-Mizraim (17/03/2020). Responsable de la traducción y adaptación de *El Rito Antiguo y Primitivo de Menfis-Mizraim: Del Mito a la Realidad*, de Agastya (2016); y autor de numerosos artículos en revistas nacionales e internacionales, así como de varios libros de divulgación masónica, iniciática y esotérica: *Teúrgia Operativa* (2015), *Los Diez Libros de la Cábala Mística* (2019)…

# EL APRENDIZ EN EL RITO DE MENFIS-MIZRAIM
## OBJETIVOS Y DESAFÍOS DEL APRENDIZ EN LA MASONERÍA EGIPCIA

*Gaston Clerc*

«La enseñanza es más que impartir Conocimientos, es inspirar el cambio. El aprendizaje es más que absorber hechos, es adquirir Entendimiento».

William Arthur Ward (1921-1994)

## Introducción

Como en cualquier Rito masónico, el Aprendiz debe interactuar con el mundo que le rodea para comprender cuál es su lugar en la Creación. Ese es el principio fundamental, pero para llegar a esa comprensión, más allá de cualquier desvarío intelectual, debe conocer las claves que le convertirán en un verdadero ser humano que puede elegir en libertad, al margen de cualquier dogma o tiranía intelectual: «la razón también produce monstruos», y esos son los verdaderos peligros que tiene que sortear en una constante lucha consigo mismo. Es por esa razón que debe ser instruido y guiado por sus hermanos más experimentados, por aquellos que ya comprenden cómo es la materia y cuál es la forma que puede adquirir en función del esfuerzo que se aplica a aquella.

# El proceso

En primer lugar, debe dirigirse al nuevo Aprendiz, con habilidad y fraterna comprensión, por entre las tortuosas sombras hasta que él mismo identifique la Vía de la Verdad (se trata de un trabajo individual, pero bajo supervisión); y eso sólo se consigue dándole simbólicamente la primera letra de la Palabra y las Herramientas que puede usar. Sólo así llegará a valorar el verdadero sentido de su Salario y el significado metafísico del Lugar donde se le pagará aquello por lo que ha luchado: la Luz (aún tímida y poco aprovechable). El esfuerzo de todo Aprendiz debe centrarse en identificar, comprender y utilizar con entereza la Sabiduría, la Fuerza y la Belleza, de acuerdo con los principios de la Tradición. El hermano mayor, su Vigilante, debe invitarle a reconocer todas sus carencias y defectos, con el fin de aprovecharlos en su propio beneficio y transmutarlos en *combustible metafísico* para ayudarle a convertir las Tinieblas en Luz: la Sabiduría se *concibe*; la Fuerza, se *ejecuta*; y la Belleza, se *adorna*. Esa es la sagrada y secreta manifestación de la Tri-Unidad; aún lejana para su comprensión, pero que le muestra al Aprendiz el camino de la Revelación, ayudado por las Joyas de la Logia: «Él es el Espíritu que surgirá de la Sabiduría, cuyo nombre es Espíritu de Vida». El Compás le ofrece una idea velada de la Sabiduría que trasciende por igual la Materia y el Espíritu; la Escuadra, una concepción misteriosa de la Fuerza que habita en todo lo existente y lo que aún no ha nacido, le transmite el símbolo de los Hijos de la Luz («la unión hace la fuerza») y de la necesaria interacción con el Egregor, protector e inspirador del Amor Fraternal; y la Regla, le confiere una cierta imagen, armónica y simétrica, de la Belleza, del canon matemático de la Inefable Perfección («Dios es Uno»), según se intuye en el Plan Divino («las misteriosas reglas del orden arquitectónico, de la perfecta Geometría del Eterno, están recogidas en el Libro que nos permite retornar a la Luz del Día después de surcar las Tinieblas del Inframundo, de la Duat, del Necher-Jertet, y que es el garante de nuestra Tradición y Regularidad; donde está escrito, con signos y símbolos, sólo conocidos por los Hijos de la Luz, el enigma de la Piedra Angular y de la Virtud»). El Compás es el emblema de la *medida espiritual*, el símbolo del Arquitecto Eterno, y permite moderar las pasiones; la Escuadra es el símbolo de la rectitud moral, y, en consecuencia, debe gobernar las acciones; y la Regla, emblema de la *medida física* (de la Naturaleza), debe mantener al Aprendiz en el Camino de la Verdad, confiriéndole el orden y la armonía suficiente para que pueda centrar su acción en un determinado punto («Dadme un punto de apoyo, y moveré el mundo», Arquímedes).

## Las Puertas de la Emancipación

El Aprendiz debe asumir, tras un período de largo aprendizaje (que está muy supeditado a las *capacidades innatas de cada uno*), que la Mente se vincula con la Codicia, que es el vicio de la Sabiduría y que debe corregirse con el Compás; que la Palabra se asocia con la Ira, que es el vicio de la Fuerza y que debe rectificarse *convenientemente* con la Escuadra; y que el Cuerpo se relaciona con la Lujuria, que es el vicio de la Belleza y que debe controlarse con la Regla. Estas son las tres Puertas de la Emancipación, sus Vicios y sus Herramientas de control (cf. *Bhagavad Gītā*, 16:21). Según el Ritual de Aprendiz, la primera Puerta se abre y se cierra con el impulso de la Sublime Sabiduría y el Primer Amor de las Potencias Invisibles de la Luz; la segunda, con la acción conjunta y armónica de la Fuerza, el Poder y el Orden; y la tercera, con la intervención simultánea de la Armonía, la Belleza y la Caridad.

Sólo el que sabe leer en el Libro de la Naturaleza, puede comprender la Verdad sin ver ni oír; pero el Aprendiz no sabe leer, sólo deletrear. Tampoco puede hablar (*permanece en silencio*); pues su palabra es vulgar, confusa, pobre y balbuceante, y muestra los estigmas de lo profano en cualquiera de sus múltiples formas: su lengua debe ser purificada mediante la Instrucción y la Reflexión (racional y espiritual, simbólica y mística); pues aquella aún no puede utilizarse como vía de conocimiento y de transmisión de las ideas más sublimes que proceden de lo Alto. Con el tiempo, el Aprendiz comprenderá que el Amor (surgido de la Benevolencia, del agua y de la columna Azul) y la Fuerza (emanada del Incógnito, del fuego y de la columna Roja), sin Sabiduría, no son más que Intolerancia; y «la Intolerancia sólo es el reflejo de la Ignorancia».

En su Iniciación, entró en el Templo de la Verdad y de la Justicia sin estar desnudo ni vestido, en una especie de todo y nada, de cálido y húmedo, que no tiene una interpretación literal en el Mundo Profano (*maya*):

su estado es decente (no puede ni debe ofender al Creador ni a los hermanos que le esperan), está privado del uso de la vista (no puede ver, pero sí es observado en detalle por todos) y entra desprovisto de todos los metales (no puede herir a nadie ni puede actuar violentamente contra sí mismo). Se le transmite la idea de que la Virtud a la que debe aspirar no tiene necesidad de ornamentos (elementos intrascendentes surgidos de la Materia Prima). Por ello, en su Iniciación, su rodilla derecha está descubierta, mostrando su humildad (la manifestación secreta de la Enéada Sagrada de Egipto); pues «sin humildad no se puede alcanzar la Verdad». Esta Verdad, con mayúsculas, es el producto del trabajo operativo que ha sido convenientemente sublimado en el Atanor individual, en lo más oculto y en lo más profundo y secreto de cada ser, por mediación de la Paz, de la Alegría y de la Armonía, en su justa y adecuada proporción («en una cantidad ni mayor ni menor de la deseable»), que reinan en el Sublime Templo de la Luz de Egipto, bajo la sombra de la Palmera.

## La ceguera espiritual

El Aprendiz está ciego («en su confusión, la venda sigue tapando sus ojos»), pues es ignorante y orgulloso, trabaja lejos de la humildad; y sólo la Instrucción y la Asimilación le permitirán ver sin necesidad de usar sus ojos materiales («el conocimiento al que aspira no es sensible o físico, sino metafísico; y está alejado de lo profano»). Y no lleva metales, como prueba fehaciente de su desinterés por ser reconocido entre los profanos como un agraciado con el don del Fuego Espiritual (que «abrasa sin quemar»); pues su único deseo es aprender a privarse sin disgusto, con asentimiento y sumisión, ya que *en eso consiste el verdadero perfeccionamiento moral e intelectual*. Hay que recordar que la Masonería Egipcia es de índole sacerdotal; por lo que el Aprendiz deberá enfrentarse, en varias etapas de su rico aprendizaje, a las tres Puertas de la Emancipación que ya se han citado: la vacuidad, relacionada con la Mente (Pensamiento); la ausencia de Signos, vinculada a la Palabra «creadora»; y la ausencia de Propósitos, referida al Cuerpo (Acción). Si no es capaz de controlar esas tres Puertas en su propio beneficio, con el provecho y el adecuado entendimiento que debe exigírsele, no estará capacitado para seguir avanzando por la Senda de la Sabiduría: «es mejor retirarse a tiempo, y fracasar sin más; antes que sufrir el terrible dolor de la desesperación, por no encontrar la respuesta a una pregunta mal formulada».

## El renacimiento

Ciertamente, el Aprendiz vuelve a nacer («*renacer*») tras las pruebas de valor y entereza al que se le somete sin compasión, aquellas que le capacitarán para conocer ciertas verdades abstractas que le irán acercando, paso a paso, al Oriente luminoso, donde entenderá que la Acción no es útil si no se hace con una intención bien templada y meditada: «actuar demasiado pronto o demasiado tarde implica un igual fracaso, una decepción moral que tiene como resultado inevitable el desvarío intelectual o el ocaso prematuro de un deseo aún inmaduro que terminará por expulsarle de la Masonería». Su trabajo consistirá en desbastar la Piedra Bruta, el producto más grosero de la Naturaleza, para despojarla de sus asperezas (de su aspecto material, *que engaña a los sentidos y a la Mente*); y aproximarla, en la medida de sus posibilidades, a una cierta forma útil, utilizando las Herramientas del Arte en su Grado (Cincel, Mallete y Palanca), en relación con su aún enigmático destino (espiritualizar la Piedra o rectificar la Materia, que siempre nace *en* y *de* la confusión). Pulir y transformar de manera continua, y en beneficio de la Humanidad: ese es su destino, pero aún lo desconoce. Es una «aventura psicológica» que concluye con el redescubrimiento de su verdadera naturaleza inmaterial; es decir, se trata de «*reintegrarse*» en el Absoluto. Se trata de realizar el camino hacia la Salvación, con Salud, Fuerza y Vigor; manifestaciones que sólo pueden alcanzarse con la Luz Inmaterial que emana el Sublime Arquitecto de los Mundos, que ilumina ese camino o senda ancestral (que está presente en el centro del Naos, simbolizada por la Estrella Perenne o Vela Verde de la Resurrección); con el Amor Fraternal, que ampara nuestra vida (el Aprendiz está obligado, como cualquier masón, «a unir la Abeja y el Junco, a erigir altares a la Virtud y a cavar tumbas para los Vicios»); y con la Acción luminosa del Egregor, que nos acompaña en nuestra existencia terrenal, que nos protege de los horrores que acechan en diversos planos y que nos ayuda a asimilar los conceptos espirituales que proceden de lo Alto (por cualquier conducto sensible, arte o procedimiento metafísico).

# EL APRENDIZ EN EL RITO DE MENFIS-MIZRAIM
## OBJETIVOS Y DESAFÍOS DEL APRENDIZ EN LA MASONERÍA EGIPCIA

Todo debe ser consciente, activo, reflexivo, perfectamente diferenciado y conocido hasta en sus últimas consecuencias («las que ya puede conocer y reconocer como propias, y siempre de acuerdo con su Grado, Calidad y Condición; sin superar los límites de la Ley»), para que el fruto de su trabajo pueda dar el resultado deseado.

## El discernimiento

El Aprendiz debe saber discernir entre lo bueno (o menos malo) y lo malo (o menos bueno), en la medida de sus posibilidades, aún limitadas, utilizando los medios (Rituales y Catecismos), las Herramientas simbólicas de su Grado y los mecanismos (procedimientos esotéricos y el arte o ciencia que mejor domine) que le ofrecen la investigación racional y la reflexión mística, preservando su Mente de toda exaltación febril susceptible de comprometer la lucidez de su Espíritu (protegido por su Alma) y la salud de su Cuerpo. El Aprendiz debe aplicar la Voluntad sin límites; y, en definitiva, saber multiplicar y aprovechar su Energía, aún escasa y confusa, mediante la Inteligencia: *se trata de desarrollar una voluntad práctica e inteligente (reflexiva), que sea capaz de sortear sus deseos materiales*. Su ambición, tras dominar sus pensamientos y sus acciones, es ser recibido en el *Círculo de los Compañeros* con honor y reconocimiento. Sólo así estará en posesión de sí mismo y será capaz de juzgar con imparcialidad, lejos de la contaminación que le ocasionan las posesiones mundanas o materiales. Su trabajo es y será, en todo momento y en cualquier lugar, la búsqueda de la Luz. Pero el trabajo en la Logia y en privado, en su gabinete (ante su Altar particular, en la soledad descarnada y frente al Eterno), le hace comprender lo lejos que está de su objetivo: *sólo puede discernir el camino, la extrema dificultad de aquel y lo oscuro y tenebroso que es enfrentarse a su verdadero Yo* (a su Sombra). Estabilidad, Firmeza y Aplomo. Su trabajo es complicado y extremadamente solitario, pese a la ayuda que le brinda su Vigilante; pero nada más cierto que su frustración. De continuo, se levanta y cae; y, de manera muy dolorosa, sólo entiende que no puede hablar y que, a duras penas, es capaz de vislumbrar su verdadero lugar en el Universo. Llegados a este punto, el Aprendiz vuelve a recapacitar sobre su posición en la Logia: sabe que la Filosofía le induce a concebir; y la Inteligencia a ordenar y dirigir su Mente hacia una finalidad que aún no conoce, pero en la que confía plenamente (siempre gracias al apoyo incondicional de su Vigilante y de sus Hermanos de Logia). Debe equilibrar las manifestaciones de la Naturaleza y buscar en su propio interior sus deseos vitales, para revertirlos y aprovecharlos en su beneficio.

## Su lugar en el Universo: la Dualidad

Toda la Instrucción del Aprendiz se reduce a definir y comprender su lugar en el Universo. Y eso sólo puede entenderse desde el conocimiento de los dos lados que se *reúnen* en la misma arista: el Bien y el Mal se *unen* para formar una única entidad metafísica. Los conceptos de Luz y de Oscuridad se entrecruzan en la Mente del Aprendiz, confundiendo su Espíritu hasta el punto de que, en ocasiones, se ve incapacitado de optar por una vía o camino acertado.

Por esa razón, es fundamental que el Aprendiz establezca una perfecta relación y definición de las ideas, con su correspondiente clave, para actuar de una manera coherente y certera. Ciertamente, «el deseo de Luz produce Luz»; pues lo primero lleva a lo segundo sin necesidad de forzar la Mente: «lo que la Mente piensa, como voto solemne, genera el deseo, la intención definitiva y la determinación de cumplirlo». Dicho así, parece fácil; pero no cabe duda de que sólo es así como la persona se esforzará por *materializar* su deseo: «la Mente es fiel amiga del Hombre, sólo cuando ha sido conquistada por el Espíritu; pero para un hombre vulgar, para un ser del torrente, carente de Voluntad y que aún no ha sido capaz de conquistar su Mente, ésta puede convertirse en su propio Enemigo, en su trampa mortal». Ese es uno de los trabajos más importantes del Aprendiz. Según Buda: «Ni tu peor Enemigo puede hacerte tanto daño como tus propios Pensamientos». Ya en el Ritual de Iniciación se muestra la idea fundamental que debe inspirar al Aprendiz: «el peor enemigo es uno mismo». San Pablo ya lo intuyó; y es por ese motivo por lo que aconseja a Timoteo, diciéndole: «Ten cuidado de ti mismo» (1 Tim 4:16). Mateo insiste: «Y los enemigos del Hombre serán los de su propia casa» (Mt 10:36).

El Aprendiz tiene que lidiar constantemente con la Dualidad; no en vano, este Mundo físico es el Reino de la Dualidad: el Bien y el Mal se entremezclan y confunden hasta el extremo, hasta la saciedad, creando una especie de neblina mental de difícil comprensión y asimilación, que, en general, degradan al Hombre, separándole de la Virtud. Pero la Instrucción que recibe debe aclarar el procedimiento para salir de ese doloroso laberinto: «en realidad, no hay opuestos; sólo complementarios en el seno de una falsa polaridad, que confunde». El aprendizaje se hace más soportable, cuando el Aprendiz se enfrenta al dilema rosacruz que define a la Masonería como institución fraternal: «OMNIA VNVS EST», «Todos somos Uno», la tesis fundamental del irlandés Juan Escoto Erígena (800-899), ampliamente tratada en su *Periphyseon* (*La división de la Naturaleza*); por eso: «OMNIA AB VNO, OMNIA AD VNVM», «Todo a partir del Uno, todo hacia el Uno»; y, de acuerdo con la Tradición rosacruz, «OMNIA IN OMNIBVS», «Todo está en todos»; es decir, «todos somos Dios, porque Dios está en todos nosotros».

## La apertura de la Cámara del Tesoro

Todo masón, independientemente de su Grado, Calidad y Condición, es un Aprendiz que debe progresar en su propia *escalera iniciática*; y, por ello, está sometido a los mismos defectos y al mismo esfuerzo para aliviar sus carencias («si no se hace nada por evitarlo, si no se empuja en sentido contrario, el Caos se apodera de todo»); por lo que se ve impelido a trabajar en pos de la Virtud (concepto que, en ocasiones, está muy desvirtuado), de un objetivo que se intuye lejano y difícil, complejo y laborioso. En este sentido, no hay un trabajo más arduo e incierto como aquel que nos proponemos para acercarnos a nuestro prójimo *en igualdad*; y eso sólo se consigue gracias al AMOR. Tememos amar, o quizás, confundimos el verdadero significado de la palabra «amor»; y con eso, nos estamos alejando de esa felicidad que tan duramente buscamos. No queremos abrir nuestros corazones por miedo a que nos hieran, no queremos ser vulnerables a los acontecimientos de la vida, del día a día; y no vemos que, precisamente, es esa vulnerabilidad la que nos hace fuertes y nos brinda la oportunidad de aprender para llegar a esa felicidad añorada.

Para comenzar, hay que tener en cuenta que la *realidad relativa* no es la *realidad absoluta*. La realidad relativa es cambiante e impermanente. Permanecer es «mantenerse sin mutación en un mismo lugar, estado o calidad», es morir. Lo impermanente es la incapacidad de la realidad de mantenerse en un mismo lugar, estado o calidad. Nuestra realidad es cambiante, como nuestros pensamientos y nuestros cuerpos. La impermanencia es, así, una gran cuestión en el Budismo; como lo es en la Masonería; y su comprensión es de una importancia capital para la vida cotidiana de todas las personas (profanas o iniciadas), lo que afecta al Aprendiz.

Por lo tanto, desde el mismo instante que nacemos, estamos cambiando (*evolucionando*); no somos los mismos que hace un instante, y esa es la realidad relativa. Y esto es válido no sólo para los seres humanos, sino también para los animales, las plantas, los planetas e incluso para nuestros pensamientos; muchos de los cuales, como lo hemos podido experimentar en alguna ocasión, «*nacen y mueren en un instante*». En verdad, los pensamientos son Entidades; que creamos con el mismo material con el que se construye el Egregor. Tienen «*sustancia*» por sí misma, aunque no la veamos; pero sí la percibimos en su esencia metafísica, y podemos sentir sus efectos benéficos o malignos. Cada Acción comienza con un Pensamiento; y cada objeto material también comienza con un Pensamiento (bueno o malo): «aquí se muestra, en perfecta destilación, parte de la Instrucción que debe recibir todo Aprendiz». El Universo físico o material (*maya*), es decir, el *sámsara* («ciclo de nacimiento, vida, muerte y reencarnación»), como lo llaman los budistas, es relativo; así como todo lo que se relaciona o interacciona con él o le pertenece, pues todo lo que se crea en el Universo material es *nacido* o *creado* y, como tal, es *perecedero* y *cambiante*. Todo está sometido al influjo inapelable de la impermanencia, del cambio y de la transitoriedad; es decir, según el *dharma* u orden universal, de la *anitya* o *anicca*, simbolizada con la *Rueda de la Fortuna* o X Arcano Mayor del Tarot (la expresión del *destino* y del *karma*; o sea, de la ley de causa y efecto o principio de causalidad). Ahí nunca podremos encontrar, ni por asomo, esa felicidad infinita e imperecedera que anhelamos desde que nacemos.

Todo cambia (excepto el estado de *nirvāna*, «que no conoce el cambio, la decadencia ni la muerte»), instante a instante, momento a momento; luego, ¿por qué el ser humano insiste en captar un determinado momento o instante para mantenerlo *vivo* eternamente? Esta idea es absurda para aquel que conoce *la verdad de la existencia*. Para el Maestro, está muy claro que este Mundo físico es cambiante y perecedero en todas sus estructuras, planos y dimensiones; y eso es, precisamente, lo que nos hace añorar una felicidad continua y sempiterna (que es un sueño inalcanzable): un «detener la vida para hacerla eterna».

Cuando nos aferramos a las sensaciones materiales (sin medida), a las pasiones (sin virtud) y a las posesiones mundanas (sin humildad), queremos que esos «impermanentes» estados de felicidad, gozo o dominio sean «permanentes»; y así lo creemos, hasta el punto de que somos capaces de sacrificar por aquellas inalcanzables metas nuestra vida, nuestra salud y nuestra paz. Pero la realidad sensible no es así, y al no ser del modo que queremos (ciegamente), en medio del hermoso juego de nuestro propio pensamiento (que es imaginación), encontramos el sufrimiento más atroz: todos los compuestos son inestables (y nuestro castillo interior se derrumba); y todo lo que está sujeto a nacimiento o *samudaya* (origen o principio, *alfa*), está sometido a la muerte o *nirodha* (cese o final, *omega*). Luego, aunque temporalmente pudiera parecer que somos capaces de superarlo, la eventualidad de las pérdidas nos robará el sueño durante mucho tiempo: «*nada es para siempre*»; pues todas las cosas y todos los seres que tienen «*forma y sustancia*», así como las que no la tienen, son impermanentes; y todo lo transitorio provoca sufrimiento, por culpa del *apego*, de la *ignorancia* y del *deseo* que nos une a las cosas o a los seres (odiados o queridos).

De esta Rueda de Dolor insoportable debe liberarse el Aprendiz para seguir avanzando en su largo y peligroso camino (*magga*) hacia la Verdad; hacia la plenitud que le proporcionará su propia *reintegración* en el Eterno, en lo Absoluto. El camino que debe recorrer en *silencio* el Aprendiz estará *rectificado* por ocho principios o Herramientas espirituales: reconocimiento de la transitoriedad de todo lo que le rodea, deseo que salir del estado de ignorancia, hablar sin mentir ni herir al otro, actuar con rectitud (con la Regla y la Escuadra) y pureza de corazón (con el Compás), practicar la Virtud, esforzarse por ser compasivo y comprensivo con el otro («por amor a la Humanidad»), ser consciente del momento («vivir el presente; pues el pasado ya no existe y el futuro aún no está escrito») y buscar la unidad en la diversidad (que es la base de la iluminación espiritual y de la Masonería Egipcia).

# EL APRENDIZ EN EL RITO DE MENFIS-MIZRAIM
## OBJETIVOS Y DESAFÍOS DEL APRENDIZ EN LA MASONERÍA EGIPCIA

Sólo el Aprendiz que ha sido bien instruido en su trabajo iniciático por su Vigilante, y conoce las Herramientas de su Grado, es capaz de *reinterpretar* su entorno y *encontrar* un sentido satisfactorio a su desesperanza; pero los que no pueden escapar de esas marcas o sellos de la existencia profana y sensible, no pueden controlar los efectos perniciosos de la Naturaleza: el envejecimiento, la enfermedad, la muerte, la decadencia y la destrucción de las cosas. De nuevo, el Aprendiz, antes de entrar en el *Círculo del Compañero*, asumirá que todo lo que está a su alcance es insatisfactorio (todo es sufrimiento, frustración, desilusión, irritación, dolor y vacío); que todo es impermanente; y que todo es consecuencia de la insustancialidad del Ego. La lección que extrae de esa experiencia iniciática es que tendemos a basar nuestras vidas en la *realidad relativa*, en la mentira y en el error, y que hemos marginado la *realidad absoluta*, la Verdad; por lo que la confusión y la oscuridad reinan en la Ignorancia; que es la que, en realidad, domina nuestra Mente. «Abandona, pues, la comprensión intelectual; deja de correr detrás de las palabras y de seguirlas al pie de la letra: lo que necesitas es aprender a dirigir tu Luz hacia tu interior más recóndito para iluminar tu verdadera naturaleza espiritual. Tu Cuerpo y tu Mente desaparecerán por ellos mismos, y tu rostro original aparecerá (caerá la máscara). Si quieres llegar a ser tú mismo, y no una falsa imagen de ti, sólo hay un camino: ser tú mismo sin más tardar. Este es el misterio del espejo».

## La triple instrucción

Llegados a este *límite*, desde «un Lugar del que ya no es posible retornar», a la sombra de la palmera de Egipto, la Cámara del Tesoro se abrirá de par en par, y el Aprendiz podrá utilizar su secreto y misterioso contenido como mejor le plazca; pero recordando que «el sufrimiento es la consecuencia inevitable de la Ignorancia», que es un monstruo voraz que se alimenta de nuestro propio miedo y de nuestra precaria libertad, torturando nuestra Mente y diluyendo nuestras virtudes en un sinfín de vicios y deseos vanos.

Para emerger de este profundo y confuso estado de negatividad, de insatisfacción y de dolor, tiene que recorrerse la Vía del Despertar, interiorizando los tres trabajos fundamentales de su Grado: reflexión silenciosa o Sabiduría, concentración o Fuerza y moralidad o Belleza; aspectos que el Budismo ya había identificado, y que reparte en ocho acciones benéficas y espirituales: *ditthi, sankappa, vāyāma, sati, samādhi, vācā, kammanta* y *ājīva*.

El Aprendiz deberá aprender a utilizar y desarrollar, con la habilidad y seguridad que le exijan sus propios hermanos y su Vigilante, la recta *comprensión* o recto *entendimiento* (*sammā-ditthi*) y, en paralelo, el recto *pensamiento* o recta *aspiración* (*sammā-sankappa*); que, en su conjunto, configuran la llamada reflexión silenciosa o Sabiduría (*paññā*), siendo lo equivalente a la Columnita de la Sabiduría que decora el ángulo sureste del *Naos* masónico. En el orden de los trabajos, es la última fase del buscador; la que le conduce a la plenitud.

Después, tendrá que practicar el recto *esfuerzo* (*sammā-vāyāma*) y la recta *atención* (*sammā-sati*; o sea, la consciencia plena y reflexiva de nuestros pensamientos, emociones y acciones, siempre inspirados por la ecuanimidad y la compasión) y, en paralelo, la recta *concentración* (*sammā-samādhi*); que, en su conjunto, forman la concentración (*samādhi*) o «agudización de la Mente» (que se define como la exclusión de todo lo que es irrelevante o vano para alcanzar un objetivo productivo, adecuado y útil para el ser humano y su comunidad), la Fuerza surgida de la moralidad y del Imperio de la Virtud, siendo lo equivalente a la Columnita de la Fuerza. Implica el *cultivo* de los cuatro estados inconmensurables o sublimes («debes cultivar tu propio jardín, aprovechándote de sus deliciosos frutos»): el amor benevolente (*mettā*); la compasión (*karuṇā*); la alegría altruista (*mudita*); y la ecuanimidad armónica (*upekkhā*). Dice el Ritual: «en un Lugar donde reinan la Paz, la Alegría y la Armonía». En el orden de los trabajos, es la fase intermedia para cumplir por el buscador.

Y, por último, el Aprendiz deberá trabajar la recta (y *silenciosa*) *palabra* (*sammā-vācā*), la recta *acción* (*sammā-kammanta*) y la recta *ocupación* o *modo de vida* (*sammā-ājīva*); que, en su triple conjunto, configuran la sublime moralidad (*sīla*), siendo lo equivalente a la Columnita de la Belleza que decora el *Naos*. Según el orden de los trabajos, esta es la primera fase que ha de cumplir con total fidelidad el buscador que aspira a despertarse en la Verdad.

# EL APRENDIZ EN EL RITO DE MENFIS-MIZRAIM
## OBJETIVOS Y DESAFÍOS DEL APRENDIZ EN LA MASONERÍA EGIPCIA

Este es el método y la disciplina que debe seguirse para eliminar la Ignorancia, el Anhelo y, finalmente, el Deseo de lo inalcanzable; sólo así se disipa el sufrimiento y se llega a la sabiduría interior o perspicacia (*vipassanā paññā*) que emana de la concentración (*samādhi*), la Fuerza, y de la moralidad (*sīla*), la Belleza: el *nirvāna* (*nibbāna*), la Sabiduría *iniciática* que permite la comprensión de la Verdad desde cualquier ángulo. Conviene observar que el orden de las tres Columnitas es idéntico al masónico: Sabiduría, Fuerza y Belleza; pero el buscador *de cualquier Grado* recorre la Vía del Zen en orden inverso: Belleza, Fuerza y Sabiduría.

## El sentido de la vida

La virtud de la amistad debe cuidarse y cultivarse. El ser humano vive de espaldas a la muerte, creyéndose inmortal; pero no hay nada más cierto que la transitoriedad de su existencia, y *la respuesta que se busca está donde no se mira*. Lo corruptible y la muerte, por un misterio que no llega a comprenderse, se convierte en vida; y, de nuevo, la vida se convierte en muerte. La Naturaleza se realiza y perfecciona según un incesante movimiento: de cambio en cambio, y de tesis en antítesis. «Estos son polos de todo fenómeno, relativos y transitorios en su eterna y vertiginosa mudanza. La idea de apegarse a la vida y tener miedo a la muerte es lo que nos ha dado en la sociedad una sensación parcial de las cosas» (Juan Martín, *Lao-Tsé o el Universo Mágico*, 1952). El dualismo de la Naturaleza, derivado de una observación precisa del ritmo de las estaciones y de la vegetación; el amor al sentimiento natural de las cosas, que entiende la Armonía como una unidad; y el fin que persigue nuestro deseo, que es ilusorio en su propia esencia… Estas son las cosas que nos hacen esclavos. «Sólo es feliz el hombre a quien le basta su riqueza interior y que exige muy poco o nada del exterior» (Arthur Schopenhauer, *El arte del buen vivir*).

«El Hombre se conoce a sí mismo en la medida en que conoce el Mundo, y sólo toma conciencia de ello dentro de sí mismo; y de sí mismo, sólo dentro de él. Por eso, cada acontecimiento bien observado e interpretado abre dentro de nosotros un nuevo órgano de pensamiento» (Johann Wolfgang von Goethe). «La felicidad es una riqueza interior»; y, por lo tanto, a veces, hay que alejarse de la mirada de los demás para liberarnos de nuestra locura y de la incomprensión, de los excesos pasionales y sensuales que dominan nuestra Mente y sacrifican nuestro Cuerpo hasta el extremo de hundirnos en la Piedra Bruta.

Nada debe forzarse desde el exterior del ser («espiritualizado»); pues todo procede del Gran Camino (aquel que nos dirige, cumpliendo con un orden inmanente, y sorteando innumerables peligros, hacia la inmutabilidad del Sublime Ser). Para el estoico, la felicidad se halla dentro del hombre mismo, por ello, no debe buscarse el placer fuera de aquel; lo que coincide con Confucio, para quien «la medida del Hombre es el hombre mismo» (visión microcósmica de la Creación). En el otro extremo, Lao-Tsé concluyó que «la medida del Hombre es el Universo» (interpretación macrocósmica de la existencia universal); y, por consiguiente, está sometido a una constante mutación debida a la dinámico ciclo que emana del principio de causalidad: la relación de causa y efecto se extiende a todo el ámbito de la realidad física y a sus múltiples eventos, en cualquiera de sus planos y dimensiones (visibles o invisibles).

La actividad iniciática e intelectual del Aprendiz *siempre* debe impulsarse por el Espíritu, por su voluntad trascendente; y no por los sentidos o las necesidades materiales: libre de interés, de honores mundanos, de pasión, de odio, de ambición, de provecho o de intención. Es así un renunciamiento al Mundo material que ya conocemos, un desarraigo de las cosas terrenas; donde el Yo individual no es el verdadero Agente de la Acción, sino el Creador (identificado como el Sublime Arquitecto). Hacia el quinto siglo antes de Cristo, Lao-Tsé ya parece entrever las necesidades virtuosas del Aprendiz: piedad, abnegación, introspección, magnanimidad, honestidad, aprendizaje, esfuerzo, humildad, reposo, silencio y reflexión.

El ser humano actúa más allá del Bien y del Mal, de la confusa *y muy tentadora* Dualidad (al margen del nefasto destino), impulsado únicamente por la Virtud; por una cualidad superior y trascendente que le vincula, por igual, a la compasión y a la humildad, como atributos sustentadores de una actitud solidaria ante la vida y la muerte, como un ser independiente («libre y de buenas costumbres») integrado en la sociedad, y que emana de una ética y una moral imperecederas que le permiten comprender el gran misterio que rodea a la empatía y al respeto por el otro.

El Aprendiz, emprende una batalla titánica y constante contra los monstruos que alimentan la Ignorancia, contra todo aquello que destruye o impide la Libertad; y sus objetivos a cumplir, con la ayuda de las Herramientas y de los Símbolos, serán: rechazar la violencia, la codicia, los honores, la ausencia de control y los prejuicios (cf. Elías Margolis Schweber, *El buen vivir: La búsqueda de su comprensión a través de diferentes filosofías*; Estudios Políticos, nº 40, 2017). Pero el Aprendiz, sometido a innumerables tensiones, cae con relativa facilidad en el tedio más insoportable y en la confusión más abismal: «El Hombre ha nacido libre, pero en todas partes está cubierto de cadenas». La Humanidad parece fracasar; y la Masonería parece no alcanzar sus sublimes y éticos objetivos. La ilusión decae, desaparece… Nada que objetar ni decir ante semejante reflexión, pero nos muestra el camino y lo mucho que queda por hacer: la Piedra está sin preparar, sin tallar, sin pulir; y no sirve de ornamento ni de elemento arquitectónico. El misterio de todo lo que no comprendemos está en nosotros mismos, en lo más profundo de nuestro ser inmortal: más allá, más adentro, ya no hay nada a lo que debamos temer. ⚒

Luis Plà (Valencia 1956). Empresario jubilado se dedica al activismo social. Miembro activo de Valencia Laica (Europa Laica). Ha co-realizado 4 documentales «Cayetano Ripoll y la Iglesia valenciana, la última víctima mortal de la Inquisición», «Ladrones de vidas, niños robados en la Comunidad Valenciana» y «Al borde del principio, los últimos años del franquismo y la transición en el País Valencià». Actualmente está en periodo de edición de su último documental titulado «Al fascismo se le combate, la resistencia española contra los nazis en la Francia ocupada». Está trabajando en un nuevo proyecto sobre un ilustre masón y político valenciano de la II República.

Toda su trayectoria masónica ha transcurrido de forma ininterrumpida en el Rito Francés. Iniciado en 2006 en una Logia española del Rito Francés del GODF donde aparte de otros oficios fue Venerable Maestro en tres ocasiones. Es recibido al I Orden de Sabiduría del Rito Francés en 2010 en el SC Rosa de Foc (GCGE-RF. En los Valles de Barcelona). En enero de 2019 deja el GODF para afiliarse a la Respetable Logia Mediterrània de Rito Francés al Oriente de Barcelona de la Gran Logia Simbólica Española. Maestro fundador (2022) y miembro activo de la Respetable Logia *«Palmira Luz»* de Rito Francés al Oriente de Valencia (GLSE). Fundador (2023) y miembro activo del Soberano Capítulo del Rito Francés *«Luz Mediterránea»* (GCGE-RF en los Valles de Valencia/Alicante). Desde 2022 ostenta el cargo, electo y temporal, de Muy Sabio y Perfecto Gran Venerable MSPGV (Presidente), habiendo sido anteriormente Gran Secretario de Asuntos Interiores del Gran Capítulo General de España del Rito Francés (GCGE-RF). Posee el V° Orden 3ª Arca de los Órdenes de Sabiduría del Rito Francés.

Ha realizado diferentes Conferencias sobre el Rito Francés, los Órdenes de Sabiduría del Rito Francés, Masonería y Anarquismo, Laicismo… en París, Zaragoza, Barcelona, Madrid, Valencia…

# EL RITO FRANCÉS EN GRADO DE APRENDIZ

## EL INICIO DE UN CAMINO A TRAVÉS DE LA LIBERTAD ABSOLUTA DE CONCIENCIA

*Luis Plà*

### Antecedentes históricos del Rito Francés

Mucho hay escrito sobre la historia del Rito Francés, como Rito de fundación de la masonería especulativa por autores mucho más eruditos que yo sobre temas históricos, pero creo importante indicar algunas fechas.

El Rito Francés es el heredero directo del Rito de Los Modernos de la Gran Logia de Londres exportado a París entre 1720 a 1725.

Es en 1773 con la fundación del Gran Oriente de Francia (GODF) a partir de la reforma de la primera Gran Logia de Francia, creada esta última en 1728, que se empieza a instaurar el Rito Francés como tal.

Es durante los trabajos presididos por Alexandre-Louis Roëtiers de Montaleau (1748-1808) donde en 1782 se constata la supresión de las referencias religiosas y bíblicas en los textos de los rituales.

Es en 1801 cuando se imprime el ritual, codificado y adoptado en 1786, con el nombre de ritual «Francés Moderno».

Finalmente citar, como dato adicional, que es en 1872 cuando el GODF retira de sus Reglamentos Generales las referencias al Gran Arquitecto del Universo (GADU) y a la inmortalidad del alma. Cinco años antes ya lo había hecho el Gran Oriente de Bélgica.

## Formas del Rito Francés en los grados simbólicos

Si algo ha caracterizado desde el principio al Rito Francés ha sido la constante evolución entre tradición y modernidad con influencia inequívoca de la Ilustración. Como dice Gérard Contremoulin[1], «un rito de libertad para franc-masones libres. Libres de elegir la forma del Rito, libres de aportar modificaciones, libres de adaptarlo a las circunstancias, libres de darle contenido y libres de tratar todos los temas para la reflexión común. Tal es la naturaleza del Rito».

Ello ha llevado a su evolución que se manifiesta en diferentes formas **manteniendo siempre sus raíces y su espíritu**. Los más utilizados en el continente europeo son «Rito Francés Groussier», «Rito Francés Tradicional o Rito Moderno» y el «Rito Francés Moderno Restablecido». En todos los casos el principio básico es la Libertad Absoluta de Conciencia como única manera de entender el futuro del ser humano y de la humanidad.

En este artículo me referiré al «Rito Francés Moderno Restablecido (RFMR)» en su grado de Aprendiz.

## El grado de Aprendiz en el Rito Francés

*(La utilización del masculino en determinados términos y expresiones a lo largo de todo el Ritual no tiene sentido específico alguno; se mantiene así por tradición, haciendo referencia tanto al género femenino como al masculino).*

Si bien no es objeto de este artículo el hablar sobre la Ceremonia de Iniciación del Rito Francés, sí que iré haciendo algunas referencias pues es imposible entender el Rito Francés incluso en cualquiera de sus Grados sin tener conocimiento de la misma.

## La Decoración de la Logia (Taller o Templo) y posición de los Oficiales y Hermanos

Aparentemente tiene una estructura similar a la de otros Ritos por lo que me limitaré a remarcar las diferencias más destacables y sobre todo aquellas que tienen una incidencia en el fondo y el espíritu del Rito Francés.

Según entramos al Taller desde Occidente vemos que el color dominante es el azul (paredes y tapetes de las mesas) y nos encontramos con que la columna »J» está a la izquierda y la columna «B» a la derecha.

---

[1] Gérard Contremoulin, *L'Esprit du Rite français*, Éd. Dervy, p. 52 (traducido por el autor).

A continuación los Vigilantes están en línea, el 2º Vigilante al principio de la Columna del Norte delante de la columna «J» (en su mesa una vela blanca) y el 1º Vigilante al principio de la columna del Sur delante de la columna «B» (en su mesa una vela amarilla).

Como en otros Ritos los Aprendices se ubican en la Columna del Norte, si bien es importante aclarar que en el Rito Francés en el caso de que hubiera varias filas los Aprendices, salvo que hubiera que hacer la bóveda de acero, siempre se sientan en la primera fila incluso por delante de Maestros si hiciera falta. Tiene el sentido de que los Aprendices deben estar en una posición donde puedan observar con la mayor amplitud posible el desarrollo de los trabajos para poder interiorizarlos de la mejor manera. Lo mismo diríamos de la Columna del Sur con respecto a los Compañeros.

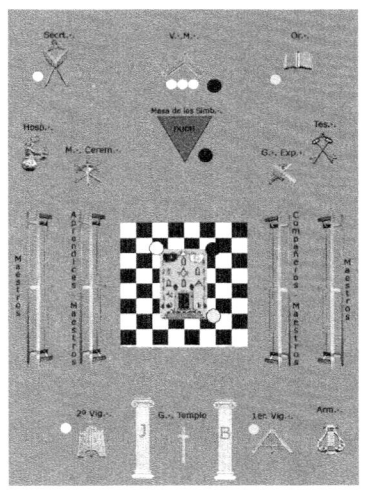

En el centro, sobre el suelo ajedrezado, nos encontramos con el cuadro o tapiz de Logia bordeado por 3 candelabros o pilares (no columnas). Al nordeste con una vela blanca, al sudeste con una vela roja y al sudoeste con una vela amarilla. Al final de la Columna del Norte el Maestro de Ceremonias y detrás el Hospitalario y al final de la Columna del Sur el Gran Experto y detrás el Tesorero.

Al Oriente de izquierda a derecha a la altura de la Luna, el Delta y el Sol se ubican el Secretario (con una vela blanca), el Venerable Maestro (candelabro con 3 velas blancas y un velón rojo permanentemente encendido) y el Orador (con una vela amarilla). En la misma mesa del Venerable Maestro o en una pequeña mesa inmediatamente delante se ubica la «mesa de los símbolos» con la Constitución de la Obediencia, la Escuadra y el Compás y el «Libro de la Ley». A su lado una vela azul permanentemente encendida. Es importante recalcar que en el Rito Francés, dado su carácter laico, el «Libro de la Ley» suele estar representado por la «Declaración Universal de los Derechos Humanos» o en su defecto por un Libro de contenido laico acorde a los valores de la masonería que haya sido consensuado por la totalidad de los Hermanos de la Logia.

El techo debe estar pintado con la bóveda celeste (cielo y estrellas) y rodeado de una cuerda con doce nudos cuyos extremos terminan en borlas a la altura de los Vigilantes. La piedra bruta con el mazo y el cincel y la piedra cúbica permanecen en la misma posición que en otros Ritos.

APERTURA DE TRABAJOS

En el Rito Francés se abren los trabajos al «Progreso de la Humanidad» haciendo especial hincapié en la Laicidad, en ningún momento se hace referencia a ningún ser creador ni a ninguna verdad revelada. Al inicio de cada Tenida el Colegio de Oficiales se encuentra ya dentro del Taller.

El Colegio de Oficiales, que cumple la función de «Comisión Permanente», abre sus trabajos al principio de cada curso masónico y se cierran al final del mismo, sus trabajos quedan latentes de una Tenida a otra. Antes de que entren los Hermanos que no son Oficiales o los visitantes, el Venerable Maestro a golpe de Mallete recobra con fuerza y vigor los trabajos del Colegio de Oficiales y se aprovecha para tratar, si lo hubiera, algún tema que les concierna.

APERTURA DE LA LOGIA

A continuación precedidos por el Maestro de Ceremonias y en el orden que marca el Ritual entran, al Orden de Fidelidad, los Hermanos que se encontraban en el exterior saludando al Venerable Maestro con una ligera inclinación de cabeza y ubicándose en sus respectivas columnas.

Se inicia el diálogo propio del Ritual entre el Venerable Maestro y los dos Vigilantes. Una vez hecho el ceremonial de reconocimiento de los Hermanos, de la colocación de la Escuadra y el Compás y el Cuadro de Logia en Grado de Aprendiz por parte del Gran Experto así como el encendido de luces[2] de los tres pilares centrales (blanca, amarilla, roja) por

---

[2] El encendido se hace en el sentido contrario a las agujas del reloj empezado por la vela blanca.

parte del Maestro de Ceremonias, el Hermano Orador da lectura a un párrafo de las Constituciones de Anderson de 1723 en el que se indica, entre
otras cosas, que... «la Francmasonería tiene por misión preparar la Concordia Universal y trabajar para mejorar a la vez al ser humano y a la sociedad», igualmente da lectura a los Principios Generales de la Orden
Masónica del que destaco... «Sus principios son la Tolerancia mutua, el
Respeto a los demás y a uno mismo, y la absoluta Libertad de Conciencia.
Considera que las concepciones metafísicas y religiosas son del dominio
exclusivo de la apreciación de cada persona, rechazando cualquier afirmación dogmática. Tiene como divisa. Libertad, Igualdad, Fraternidad».

Es importante profundizar en la lectura anterior, que como digo se lee
al inicio de los trabajos, pues en ella queda reflejado el Espíritu Humanista, Laico y comprometido con la sociedad del Rito Francés. A continuación se crea un dialogo entre el Venerable Maestro y los Vigilantes en el
que a la pregunta por parte del Venerable Maestro de que representan los
tres pilares (con vela blanca, roja y amarilla) el 1º Vigilante responde:

> Las tres virtudes que están siempre en el corazón de un francmasón: la
> Fe en el ser humano, la Esperanza en un mundo mejor y el Amor fraternal,
> Venerable Maestro.

Este texto es importante porque una vez más se recalca el carácter humanista del Rito Francés y el compromiso con un mundo mejor.

LAS TRES LUCES

En otro dialogo que a continuación se crea entre el Venerable Maestro y
el Gran Experto, a la pregunta de qué significan las Tres Grandes Luces
que vio cuando fue Iniciado este último contesta:

> Son la representación del Sol, de la Luna y del Venerable Maestro.
> ¿Por qué?
> El Sol que ilumina a los obreros durante el día, la Luna durante la noche
> y el Venerable Maestro que ilumina en todo momento a la Logia.

El Venerable Maestro representa a toda la Logia sin un carácter jerárquico.

PETICIÓN DE LA PALABRA

La palabra se pide al Vigilante de la correspondiente columna donde
está ubicado el Hermano, recordemos que en el caso del Rito Francés la

columna del Norte está precedida por el 2º Vigilante en ella se sientan los Aprendices (primera fila) y Maestros y la columna del Sur precedida por el 1º Vigilante en ella se sientan los Compañeros (primera fila) y Maestros.

En la mayoría de Logias se pide la palabra dando una palmada en la pierna y levantando la mano, en otras poniéndose en pie y al orden.

El Vigilante correspondiente solicita la palabra al Venerable Maestro y este la concede para que a su vez el Vigilante la conceda al Hermano que la ha solicitado.

Al tomar la palabra el Hermano se pone al Orden de Aprendiz y mira al Oriente, iniciando sus palabras simplemente con Venerable Maestro, en algunas Logias aunque no es necesario, pues el Venerable Maestro representa a todos, se suele añadir a continuación Queridos Hermanos y Queridos Hermanas. Lo que si que no se añade es la coletilla «en vuestros grados y calidades», pues todos estamos en absoluto plano de igualdad. Conviene aquí recordar lo que el Venerable Maestro le dice al Profano al inicio de su Iniciación:

> En el seno de las reuniones masónicas, todos los Hermanos estamos en situación de perfecta igualdad; no hay más diferencias entre nosotros que las derivadas de nuestros oficios, siempre temporales, en la Logia.

LECTURA DE PLANCHAS

En el Rito Francés, incluso en Grado de Aprendiz, se suelen leer indistintamente Planchas de contenido simbólico, filosófico y social. Las Planchas se leen siempre en el sitial del Orador incluso aunque sea un Aprendiz el que la lee. El Maestro de Ceremonias acompaña al Hermano hasta el sitial del Orador, este le da el abrazo fraternal y le cede su sitial.

El encabezado de las Planchas se suele abrir con: «Al Progreso de la Humanidad, Libertad, Igual, Fraternidad».

Una vez leída la Plancha el Venerable Maestro pide unos minutos de reflexión y concede la palabra. A diferencia de los usos y costumbres de otros Ritos esta circula indistintamente, previa petición y concesión, de Norte a Sur, de Oriente a Occidente.

En el Rito Francés cuando se acaba de leer la Plancha no se aplaude, se entiende que todos los trabajos tienen el mismo mérito. Recordemos que al inicio de la Iniciación al Profano se le dice:

Todas las ideas filosóficas, sociales o de cualquier otro tipo, tienen el mismo valor para nosotros, siempre que no menosprecien ni la naturaleza ni la condición humana.

Aquí, lo que cuenta son los valores morales.

Aquí, la única etnia y la única procedencia, es la Humanidad.

Aquí, no cuentan ni la fortuna personal, ni la profesión, ni la posición social, ni el grado de instrucción, ni el nivel de cultura o de conocimientos.

Una vez cerrada la concesión de la palabra sobre la Plancha leída, siempre tiene la última palabra el Hermano que la ha trazado y leído, pues con motivo ocupa el lugar del Orador.

Los Hermanos que tienen Oficio como los Vigilantes, Secretario… e incluso el Venerable Maestro se ponen en pie y al Orden cuando su intervención es como un Hermano más de la Logia.

### CLAUSURA DE LOS TRABAJOS

Como es habitual en la mayoría de los Ritos se concede la palabra en bien general de la Francmasonería o de la respetable Logia en particular.

El Orador da sus conclusiones sobre los trabajos del día y se procede a:

### CADENA DE UNIÓN

La Cadena de Unión en el Rito Francés tiene una especial relevancia pues supone un momento de recogimiento, de unión fraternal, de recuerdo de los que nos precedieron y de compromiso con el futuro. Si bien a criterio del Venerable Maestro se puede alterar en un momento dado, el texto al que da lectura de forma habitual y que forma parte del Ritual es:

Hermanos, nunca debemos olvidar que el Amor fraternal, como nos enseñan nuestras Constituciones, es «la base, la piedra angular, el cemento y la gloria de nuestra antigua cofradía». Nuestro Rito tiene la misión de recordarnos continuamente el vínculo que nos une. Que nuestros corazones se acerquen unos a otros a la vez que nuestras manos; que el Amor fraternal una todas las anillas de esta Cadena que formamos libremente. Comprendamos y disfrutemos de la grandeza y la belleza de este símbolo; inspirémonos en su sentido más profundo.

Esta Cadena nos vincula tanto en el tiempo como en el espacio; nos llega desde el pasado y nos guía hacia el futuro. Ella nos une al linaje de nuestros antepasados, nuestros Maestros venerados que la formaban ayer; ella nos une a todos los francmasones, de todos los Ritos, de todos los pueblos y de toda condición. Enriquezcámosla con numerosas y sólidas anillas del metal más puro y, elevando nuestros espíritus hacia el ideal de nuestra Orden, esforcémonos en unir a todo el género humano por medio de la Fraternidad.

Hermanos, prometamos conservar siempre el afecto más fraterno de los unos hacia los otros, y trabajar incansablemente para hacer realidad la Fraternidad Universal.

Dichas estas palabras el Gran Experto lo promete en nombre de todos los Hermanos allí presentes y a continuación se rompe la cadena. A continuación se procede a pasar el Saco de Proposiciones y el Tronco de la Viuda. El Maestro de Ceremonias procede a apagar las luces[3] de los tres pilares centrales (Roja, Amarilla y Blanca) y el Gran Experto a cerrar el Libro de la Ley, descolocar la Escuadra y el Compás y tapar el cuadro o tapiz de Logia.

Quisiera destacar las palabras justo al cierre de los trabajos en Grado de Aprendiz, donde el Venerable Maestro dice textualmente:

Que la Luz recibida quede entre nosotros y, respetando la Ley del silencio, comprometámonos a llevarla fuera de la Logia buscando el Progreso de la Humanidad.

Una vez más el propio Ritual marca un profundo carácter humanista y un compromiso con la sociedad.

En algunas Logias existe la costumbre al final de los trabajos de dar la exclamación ¡Viva la República! Es evidente que viene de la traducción literal de los rituales franceses pero hay que entenderla no como un posicionamiento político si no como una reafirmación de los valores republicanos como son la Libertad, la Igualdad y la Fraternidad. Los Hermanos que no forman parte del Colegio de Oficiales salen de la Logia permaneciendo estos últimos en la misma. Una vez han salido el Venerable Maestro «suspende» los trabajos del Colegio de Oficiales y ahora si salen todos.

## Detalles ritualísticos del grado de Aprendiz

No se trata de reproducir aquí el Ritual ni el memento, algunas cosas ya se han citado, pero si creo que es interesante destacar algunos detalles.

---

[3] El apagado de luces se realiza en el sentido de las agujas del reloj.

Signo de Orden. Los Hermanos se mueven por la Logia al Orden de Fidelidad, únicamente se ponen al Orden de Grado cuando pasan revista los Vigilantes volviendo inmediatamente al Orden de Fidelidad, cuando se dirigen directamente al Venerable Maestro o cuando este lo solicita expresamente. En el Orden de Grado el codo permanece caído.

Los pasos, la batería y la exclamación, la palabra sagrada y de paso… Son diferentes pero no considero que sean relevantes para el artículo que nos ocupa.

## Consideraciones al grado de Aprendiz

Voy a destacar algunas consideraciones y detalles del Grado de Aprendiz teniendo en cuenta que algunas forman parte de los usos y costumbres de cada Logia y no necesariamente son exclusivas del Rito Francés.

### SILENCIO DEL APRENDIZ

Si bien dentro de los usos y costumbres de muchas Logias del Rito Francés prevalece el que el Aprendiz no solicite la palabra en Logia, esto es algo que no está escrito en ningún sitio del Ritual. Debe ser trabajo del 2º Vigilante el que el Aprendiz mantenga el silencio en Logia más por prudencia que por imposición.

El Aprendiz debe aprender a escuchar y a reflexionar antes de hacer uso de la palabra y es evidente que el silencio en Logia ayuda a ese aprendizaje, pero insisto, el silencio del aprendiz hay que interpretarlo como una herramienta formativa y no como una prohibición. Un Aprendiz debe tener la libertad de poder solicitar la palabra si considera que su intervención puede ser relevante para el tema que se está debatiendo. Posteriormente con su 2º Vigilante ya valorará si esta intervención ha sido oportuna, o no. Y por supuesto en temas que afecten al funcionamiento de la Logia en los cuales los Aprendices tengan que votar deben tener derecho al uso de la palabra.

En lo que respecta a la Gran Logia Simbólica Española, a la que pertenece mi Respetable Logia Palmira Luz, en sus Reglamentos Generales indica que todos los hermanos sin distinción tienen derecho al voto y por tanto si los Aprendices tienen derecho al voto deben tener derecho a la palabra sobre los asuntos que se van a votar.

# EL RITO FRANCÉS EN GRADO DE APRENDIZ

### FORMACIÓN DEL APRENDIZ

El Aprendiz orientado por su 2º Vigilante debe centrarse fundamentalmente en la interpretación de los símbolos de su grado, entendiendo estos no como algo esotérico si no como herramientas que le sirvan para un trabajo personal de introspección que le ayuden a conocerse mejor y al mismo tiempo le guíen en su camino iniciático y progresivo.

En el Rito Francés todos los símbolos del Grado de Aprendiz (escuadra y compás, mazo y cincel, plomada… el propio mandil con la babeta subida) tienen un uso, un significado inicial por si mismos, es a partir de ahí que el símbolo debe ser libremente interpretado por cada Aprendiz y a su vez compartir esa interpretación con el 2º Vigilante y el resto de Aprendices. Se le suele dar al Aprendiz textos para su lectura y formación y eso está bien, pero en muchas ocasiones se olvida que el principal texto formativo para el Aprendiz es el propio Ritual. El Ritual de Iniciación, el Ritual de Grado, El Ritual Fúnebre, el Ritual de Mesa… Hay que profundizar en ellos.

En concreto en el Ritual de Iniciación del Rito Francés se encuentra el espíritu de la masonería en toda su amplitud. El Ritual nos ayuda a llenar de contenido nuestra divisa de Libertad, Igualdad y Fraternidad, a entender la Libertad de Conciencia y el compromiso social como algo intrínseco de la masonería. Cada párrafo nos llama a una reflexión. Por supuesto que en cada Ceremonia en la que uno participa te impregna de su sentido pero es necesario ir más allá, desmenuzarlo.

Algo muy importante también en la formación de los Aprendices es el ejemplo de los Maestros, con su trabajo en Logia, su trazado de Planchas, su actitud fraternal. Pensamos que la formación solo depende del 2º Vigilante pero esta no sirve de nada sin el ejemplo del resto de Maestros. Los Aprendices son como esponjas que absorben todo lo que hay a su alrededor tanto lo positivo como lo negativo.

Los Aprendices están para observar y aprender, los Maestros para trabajar. Parece obvio pero desgraciadamente no siempre se tiene claro este concepto. El Maestro es el primero que debe trabajar en todos los ámbitos llevando junto a él al Aprendiz, enseñándole y sirviéndole de ejemplo. En mi Logia todos indistintamente ponemos y recogemos la mesa, es solo un ejemplo. El periodo de formación de un Aprendiz que normalmente debe ser de mínimo un año, debe servir también para que se de cuenta de si la masonería es algo que realmente le llena y le es útil como herramienta de perfeccionamiento personal. En normal que un Aprendiz por mucho que se le hayan hecho las entrevistas y aclarado dudas no sepa realmente lo que es la masonería hasta que no se inicia y no debe extrañarnos que pasado un tiempo este Aprendiz pueda ver que no era lo que esperaba y decida salir. Esto no hay que verlo como un fracaso personal ni de la Logia, para eso está entre otras cosas, el periodo de aprendizaje.

### LIBERTAD DE CONCIENCIA Y LAICISMO

Cuando un profano se propone para la Iniciación se tiene en cuenta sobre todo que sea una persona independiente, tolerante, trabajadora…, pero los conceptos de Libertad de Conciencia y de Laicismo, que forman parte del ADN del Rito Francés, no tiene por qué tenerlos necesariamente interiorizados, por ello el periodo de formación del Aprendiz debe ir también en esta línea.

### COMPROMISO SOCIAL

Igual podríamos decir del compromiso social. En los Principios Generales de la Orden Masónica que se leen al inicio de los trabajos se lee textualmente: «La Francmasonería… trabaja para la mejora material, moral y para el perfeccionamiento espiritual, intelectual y social de toda la Humanidad».

## Ya para terminar

Hemos hablado del Aprendiz y su formación pero no debemos olvidar que la mayor parte del trabajo masónico se desarrolla en Tenidas en Grado de Aprendiz en las que participan Compañeros y Maestros.

El Rito en Grado de Aprendiz es la base del resto de Grados, por algo la masonería es iniciática y progresiva.

Ya hemos visto que en el Rito Francés no hay dogmas, los símbolos se interpretan, el Ritual se trabaja y se reflexiona. En el Rito Francés todo tiene su sentido, a todo le tenemos que encontrar un sentido, esto nos obliga a un trabajo permanente, a un compromiso permanente, siempre en base a unos valores, dando sentido a nuestra divisa de Libertad, Igualdad, Fraternidad, a lo que yo siempre añado… y Laicidad. ⚒

Ediciones de Sabiduría Ancestral

LA
TABLA ESMERALDA
DE HERMES

Max Heindel

MISTERIOS
DE LAS
GRANDES ÓPERAS

POR LA ROSA ROJA
Y LA CRUZ DE ORO

Alquimia-hermetismo
y órdenes iniciáticas

DICCIONARIO
ROSACRUZ

Max Heindel

CRISTIANISMO
ROSACRUZ

EL
LIBRO
DE LA
LEY

Aleister
Crowley

Tres iniciados
EL KYBALION

Los misterios de
Hermes

EL
LIBRO
DE
ENOC

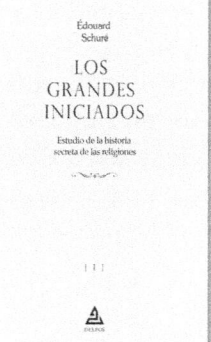

Édouard
Schuré

LOS
GRANDES
INICIADOS

Estudio de la historia
secreta de las religiones

# NÚMEROS Y TEMAS ANTERIORES

*(todos disponibles a la venta en papel y en formato digital)*

*Este número de la revista*
*C U L T U R A   M A S Ó N I C A*
*terminó de componerse en las colecciones*
*de la editorial MASONICA® en el día*
*22 de septiembre del año 2024.*